兴企有为

中共国家能源集团党校（管理干部学院）编写组 ◎ 编著

本书以提高国有企业领导干部履职能力为出发点，围绕国有企业好干部"二十字"要求中的"兴企有为"进行理论阐释和实践总结。本书以习近平新时代中国特色社会主义思想为指导，立足进入新发展阶段、贯彻新发展理念、构建新发展格局，系统阐述"兴企有为"的基本内涵、基本特征、实现方式及其理论和现实意义；从国有企业时代使命出发高度全面展示国有企业领导干部所担负的历史责任；明确国有企业领导干部贯彻落实"兴企有为"的基本要求；通过案例分析来指导"兴企有为"相关理论知识在企业具体实践中的综合应用。

本书由国家能源集团组织编写，主要读者为国有企业领导干部，可供国有企业领导干部履职能力研究和培训的人员参考，亦可供一般企业经营管理人员学习使用。

图书在版编目（CIP）数据

兴企有为／中共国家能源集团党校（管理干部学院）编写组编著.
—北京：机械工业出版社，2021.6
国家能源集团干部教育培训系列教材
ISBN 978-7-111-68182-3

Ⅰ.①兴… Ⅱ.①中… Ⅲ.①能源工业-国有工业企业-工业企业管理-中国-干部培训-教材 Ⅳ.①F426.2

中国版本图书馆 CIP 数据核字（2021）第 087658 号

机械工业出版社（北京市百万庄大街22号 邮政编码100037）
策划编辑：朱鹤楼 责任编辑：朱鹤楼 戴思杨
责任校对：李 伟 责任印制：孙 炜
北京联兴盛业印刷股份有限公司印刷
2021年6月第1版·第1次印刷
145mm×210mm·7印张·131千字
标准书号：ISBN 978-7-111-68182-3
定价：52.00元

电话服务 网络服务
客服电话：010-88361066 机 工 官 网：www.cmpbook.com
　　　　　010-88379833 机 工 官 博：weibo.com/cmp1952
　　　　　010-68326294 金 书 网：www.golden-book.com
封底无防伪标均为盗版 机工教育服务网：www.cmpedu.com

丛书序

党的十九大报告提出要着力建设高素质专业化干部队伍。《2018—2022年全国干部教育培训规划》中提出，干部教育培训是干部队伍建设的先导性、基础性、战略性工程，在进行伟大斗争、建设伟大工程、推进伟大事业、实现伟大梦想中具有不可替代的重要地位和作用。国有企业作为中国特色社会主义的重要政治基础和物质基础，更要高度重视干部教育培训工作，把加强干部队伍建设和人才培养作为新时代企业发展的重要任务和中心工作。

2017年11月28日，经党中央、国务院批准，中国国电集团公司和神华集团有限责任公司两家世界500强企业合并重组为国家能源投资集团有限责任公司（以下简称国家能源集团）。2018年5月，原国电培训中心与原神华管理学院重组成立国家能源集团管理干部学院（以下简称学院），自此，国家能源集团人才培养工作拉开序幕。作为集团党员领导干部教育培训的主阵地、主渠道，学院以"为企业发展助力，为人才成长赋能"为使命，在集团党组的领导下，围绕如何建设一支高素质、专业化干部队伍，着力探索培训与工作相融合的有效方式，以培训为载体，服务引领型领导人才、创新型青年人才、复合型党群人才、开拓型国际化人才等五类核心人才，促进人才队伍建设、推动集团工作开展。

2016年10月，习近平总书记在全国国有企业党的建设工作会议上提出了国有企业好干部的"二十字"要求，即"对党忠诚、勇于创新、治企有方、兴企有为、清正廉洁"。这是对国有企业领导干部履职尽责提出的明确要求，为新时期有效开展干部教育培训提供了根本遵循。国有企业干部教育培训需要理论与实践的深度融合，总书记提出的"好干部"标准与企业经营、管理实践的紧密结合是干部教育培训的有力抓手，是人才培养落实落地的重要途径。为此，学院经过多方论证，邀请相关领域的专家成立编写组，以"二十字"要求为主线，依托培训平台，开展学员研讨、重点访谈，历时两年，编写了《对党忠诚》《勇于创新》《治企有方》《兴企有为》《清正廉洁》五本教材，希望为读者呈现出丰满的、有温度的国有企业"好干部"形象，希望这些教材成为各层级干部可学习、能学会的教育读本。

国家能源集团立足国资委提出的"三个领军""三个领先""三个典范"的基本要求，确立了以建设具有全球竞争力的世界一流能源集团为目标，致力于打造创新型、引领型、价值型企业，推进清洁化、一体化、精细化、智慧化、国际化发展，实现安全一流、质量一流、效益一流、技术一流、人才一流、品牌一流和党建一流的"一个目标、三型五化、七个一流"的总体发展战略。本系列教材的编写正是以干部队伍建设和人才培养为引擎，为建设具有全球竞争力的世界一流能源集团赋能、助力。其中，以对党忠诚衡量干部的政治担当，以勇于创新推动创新型企业建设，以治企有方推动价值型企业建设，以兴企有为推动引领型企业建设，以清正廉洁筑牢拒腐防变底线。

干部队伍建设关系到国有企业的兴衰，关系到国民经济的稳定与发展，打造对党忠诚、勇于创新、治企有方、兴企有为、清正廉洁的高素质专业化干部队伍，是国有企业做强做优、保证党对经济领域坚强领导的重要基础，希望本系列教材的编写能够为国有企业干部教育培训提供有用的素材。

囿于理论水平及专业素养，编写组对政策理论的理解深度和把握程度尚有欠缺，对专业问题的剖析还有待深入，措辞表达仍需打磨，不足之处，敬请广大读者批评指正！

中共国家能源集团党校（管理干部学院）编写组
2021 年 4 月

推荐序

在习近平新时代中国特色社会主义思想的指引下，中国经济正在展现出新的发展态势。充满蓬勃生机的中国企业在新时代面临新机遇和新挑战，以不断创新进取的精神表现出独特的活力与韧性，成为推动经济高质量、高水平发展的市场主体和基础力量。

在当代中国，国有企业肩负着特殊的历史使命。作为中国特色社会主义经济的"顶梁柱"，国有企业在国民经济发展、社会发展、科技进步、国防建设、民生改善等方面发挥着中坚力量的作用。建设好、发展好国有企业，是国有企业领导干部肩负的使命和重责，也是党和国家的信任和重托。

2016年10月，在全国国有企业党的建设工作会议上，习近平总书记对国有企业领导干部提出了"对党忠诚、勇于创新、治企有方、兴企有为、清正廉洁"的"二十字"要求，这是从政治站位、历史责任、目标要求和行为规范上，对国有企业领导干部提出要求，树立标准，为国有企业领导干部的培养和成长指明方向。其中，"兴企有为"是对国有企业领导干部履责担当、积极进取、不辱使命的高标准职业要求。"兴企"是努力方向和奋斗目标，"有为"体现奉献精神和创新意志。

国有企业领导干部，只有深入学习"二十字"要求，深刻领会"兴企有为"的丰富内涵，才能提高政治觉悟、决策能力、领导智慧和管理水平，树立更全面、系统的发展观和战略观。国有企业领导干部要在企业发展的过程中，整合各方资源、创造企业价值、提升核心竞争力，成为"六个力量"的践行者，以"兴企有为"的生动实践，推动企业高质量发展。

《兴企有为》立意深远，思路清晰，内容丰富，层次分明，不仅是国有企业领导干部的培训教材，也可以作为开拓和丰富企业管理思想的参考著作。该书内容系统扎实，既有宏观视角的全面阐述，又有见微知著的详细剖析；既有理论层面的系统论证，又有面向实践的操作指导。整本教材，通过揭示客观规律、明确使命担当、提出具体要求、剖析案例经验，层层递进，回答了"兴企有为"是什么、为什么、如何践行和如何做好等一系列问题，为企业领导干部提供了一本内容丰富的学习读本。

理论与实践紧密结合，才能够更好地引领企业发展，实现企业的目标，完成企业的使命。希望该书能够启发国有企业领导干部深刻思考，并在实践运用中进一步提升认识、丰富经验，为高质量、高水平地打造具有全球竞争力的一流企业做出更大贡献。

金 碚

中国社会科学院学部委员

郑州大学商学院院长

前　言

在中国特色社会主义进入新时代的背景下，国务院国资委积极贯彻党的十九大精神，研究落实培育具有全球竞争力的世界一流企业的重要战略部署，提出了"三个领军""三个领先""三个典范"（以下简称"三个三"）的要求。国资委对世界一流企业的概括性描述，深刻和正确地把握了世界一流企业的特征，为各国有企业创建世界一流企业提供了方向指引和建设标准。

根据"三个三"的要求，"三个领军"是要成为在国际资源配置中占主导地位的领军企业，成为引领全球行业技术发展的领军企业，成为在全球产业发展中具有话语权和影响力的领军企业；"三个领先"是要做到效率领先、效益领先、品质领先；"三个典范"是指要成为践行绿色发展理念的典范，成为履行社会责任的典范，成为全球知名品牌形象的典范。国家能源集团以习近平新时代中国特色社会主义思想为指导，充分发挥企业主体能动性，把培育具有全球竞争力的世界一流企业作为发展目标，响应国资委"三个三"的要求，将企业总体发展战略定位于"一个目标、三型五化、七个一流"。

"一个目标"，即根据党的十九大报告提出的"培育具有全球竞争力的世界一流企业"要求，将国家能源集团建设成具有全球竞争力的世界一流能源集团；"三型五化"，即打造创新型、引领型、价值型企业,推进清洁化、一体化、精细化、智慧化、国际化发展;"七个一流",即实现安全一流、质量一流、效益一流、技术一流、人才一流、品牌一流、党建一流。国家能源集团的"一个目标、三型五化、七个一流"战略以国资委"三个三"的高站位为标杆,紧抓时代机遇、克服时代挑战,将迈向世界一流企业的目标与企业战略相融合,体现了国有企业的使命与担当。在国家能源集团整体战略中,"三型"是企业战略取向,也是国家能源集团在创建世界一流示范企业过程中的主要目标。

企业的战略目标既要对发展方向具有指引性又要具有可具化的落实性。目前,国家能源集团已具备了达成"三型企业"的物质条件基础。拥有煤炭、电力、运输、化工等全产业链业务,是目前全球规模最大的煤炭生产公司、火力发电公司、风力发电公司和煤制油煤化工公司。截至 2020 年年底,集团职工总数 32.6 万人,资产总额 1.8 万亿元,拥有 7 家 A 股上市公司和 3 家 H 股上市公司,产业分布在全国 31 个省区市以及美国、加拿大等 10 多个国家和地区,2020 年位列世界 500 强第 108 位。从创新角度来说,截至 2020 年年底,国家能源集团在煤炭绿色开发、清洁高效燃煤发电、风电设备及控制领域拥有 3 个国家重点实验室,拥有 4 项国家科技进步一等奖成果(其中 1 项已通过评审,待公布),5 项中国专利金奖成果,30 项国家科技进步二等奖成果,目前牵头承担国家科技项目 17 项,位居央企前列。[一]

但要实现"三型企业"仅仅有物质基础是不够的,人的主观

[一] 根据国家能源集团有关资料整理。

能动性依然是企业战略能否实现的关键性因素。在 2016 年 10 月全国国有企业党的建设工作会议上,习近平总书记对国有企业领导人员提出的"对党忠诚、勇于创新、治企有方、兴企有为、清正廉洁"二十字要求,恰恰是对国有企业人才支撑的科学诠释,为国家能源集团实现战略目标、创建世界一流企业的干部培养提供了可供遵循的根本标准。其中,"兴企有为"既是建设企业的出发点又是落脚点,是国有企业领导干部是否有效完成使命担当的最终表现,也是国家能源集团建设引领型企业的关键标准。

习近平总书记在全国国有企业党的建设工作会议上的讲话指出,国有企业要"成为党和国家最可信赖的依靠力量,成为坚决贯彻执行党中央决策部署的重要力量,成为贯彻新发展理念、全面深化改革的重要力量,成为实施'走出去'战略、'一带一路'建设等重大战略的重要力量,成为壮大综合国力、促进经济社会发展、保障和改善民生的重要力量,成为我们党赢得具有许多新的历史特点的伟大斗争胜利的重要力量"。通过实现"兴企有为",国家能源集团可以真正成为"六种力量"的忠实践行者,具备全球竞争力的"国之重器",保障能源供应、维护国家能源安全的"稳定器"和"压舱石"。而国家能源集团领导干部的"兴企有为"责任,也体现在对总体发展战略里引领型企业目标的充分认识中,体现在达成党建引领、战略引领和行业引领要求的具体实践过程中。通过人才赋能,将领导干部的个人能力培养转化为以下三方面引领型企业组织建设能力上来:

党建引领要求始终把政治建设摆在首位,坚定不移地推进理论武装,持续加强干部人才队伍建设,全面落实党建工作责任制，全面加强"三基"建设，弘扬艰苦创业和长期奋斗的国企精神，提振干事创业的精气神。

战略引领要求强化战略思维、拓宽视野高度，把解决具体问题与解决深层次问题结合起来，把局部利益放在全局利益中去把握，把眼前需要与长远谋划统一起来，把内部形势与外部环境结合起来，聚焦"建设具有全球竞争力的世界一流示范企业"战略目标，围绕"奉献清洁能源、建设美丽中国"企业使命，落实"创新、效益、安全、绿色、廉洁、幸福"核心理念。

行业引领要求带头践行"四个革命、一个合作"能源安全新战略，带头贯彻"清洁低碳、安全高效"能源方针，坚持引领煤炭、发电行业的新技术、新业务、新模式，精心培育战略性新兴产业，增强能源全球治理的话语权和影响力，在所涉及的业务、技术和市场领域实现新突破，所有产业都争取做到行业前两名。

为了能够更好地帮助国有企业领导干部建设引领型国有企业，本教材结合进入新发展阶段、贯彻新发展理念、构建新发展格局的时代要求，在认识、把握国有企业领导干部"二十字"要求的基础上，紧紧围绕"兴企有为"进行全面的理论阐释和实践总结。教材共分为四章，第一章从揭示"兴企有为"所蕴含的基本原理和所表现的基本特征入手，详细解读什么是"兴企有为"；第二章立足于拓展视野、认识使命和明确战略，系统阐述为什么国有企业要"兴企有为"，以及国有企业领导干部在其中的定位与作用；第三章具体提出"兴企有为"的基本条件和努力方向，阐明国有企业领导干部如何去践行"兴企有为"；第四章将"兴企有为"的理论阐释与具体实践相结合，通过案例分析，综合反映国有企业在"兴企有为"实践中具有开创性、引领性的做法和成果,以优秀的"兴企有为"实践经验和案例示范,为领导干部如何深入开展和不断完善"兴企有为"提供实践指导与探索指引。本教材力图通过多维度、系统化的辨析阐述,使国有企业领导干部通过学习,认识到新时代中国特色社会主义背景下国有企业及领导干部自身所肩负的历史使命和时代责任,掌握"兴企有为"的基本原理和践行方向与路径,勇于担当、奋发作为,实现企业引领型发展,进而跻身具有全球竞争力的世界一流企业行列。

目 录

丛书序
推荐序
前　言

第1章　如何认识和理解"兴企有为"

1.1 "兴企有为"的基本内涵	... 003
1.2 "兴企有为"的基本特征	... 006
1.2.1 体系特征	... 006
1.2.2 使命特征	... 013
1.2.3 价值特征	... 024
1.2.4 运行特征	... 030
1.3 "兴企有为"的实现方式	... 032
1.3.1 打造引领型企业	... 034
1.3.2 强化价值创造	... 035
1.3.3 凝结精神内核	... 037
1.3.4 践行社会责任	... 038
1.3.5 形成典范效应	... 039
1.4 "兴企有为"的理论意义和现实意义	... 040
1.4.1 理论意义	... 040
1.4.2 现实意义	... 042

第 2 章 国有企业的历史使命与时代责任

2.1 百年大变局的时代背景 ... 046
2.1.1 中国经济结构改革 ... 047
2.1.2 转变发展理念 ... 051
2.1.3 经济高质量发展 ... 056
2.1.4 产业基础高级化和产业链现代化 ... 063
2.1.5 全球能源革命 ... 068

2.2 发展与改革背景下的国有企业 ... 074
2.2.1 聚焦国家战略 ... 075
2.2.2 能源体制革命 ... 077
2.2.3 混合所有制改革 ... 080
2.2.4 培育世界一流企业 ... 084
2.2.5 "十四五"规划 ... 088

2.3 国企干部如何将"兴企"做到"有为" ... 091
2.3.1 国企干部在战略管理中的作用和职责 ... 092
2.3.2 国企领导干部兴企重点举措与实施路径 ... 098

第 3 章 "兴企有为"的基本要求

3.1 信念坚定、政治可靠 ... 102
3.1.1 基本条件 ... 103
3.1.2 努力方向 ... 105
3.1.3 具体步骤 ... 107

3.2 战略思维、把握方向 ... 108
3.2.1 基本条件 ... 109
3.2.2 努力方向 ... 111

3.2.3　具体步骤	... 112
3.3　任事担当、履行责任	**... 115**
3.3.1　基本条件	... 116
3.3.2　努力方向	... 117
3.3.3　具体步骤	... 119
3.4　迎难而上、勇于作为	**... 121**
3.4.1　基本条件	... 122
3.4.2　努力方向	... 124
3.4.3　具体步骤	... 126
3.5　善于学习、奋发图强	**... 127**
3.5.1　基本条件	... 127
3.5.2　努力方向	... 129
3.5.3　具体步骤	... 130
3.6　开拓进取、创新发展	**... 132**
3.6.1　基本条件	... 133
3.6.2　努力方向	... 135
3.6.3　具体步骤	... 137
3.7　团结协作、带动员工	**... 138**
3.7.1　基本条件	... 138
3.7.2　努力方向	... 140
3.7.3　具体步骤	... 141
3.8　严于自律、刚正清廉	**... 144**
3.8.1　基本条件	... 145
3.8.2　努力方向	... 146
3.8.3　具体步骤	... 147

第 4 章

如何践行"兴企有为"

4.1 变革发展,打造引领型企业 ... 151
4.1.1 案例1:突破创新,实现引领 ... 152
4.1.2 案例2:顺应趋势,创新发展 ... 161
4.2 价值创造,力求保值增值 ... 171
4.2.1 案例3:深挖潜力,有效增值 ... 171
4.2.2 案例4:变革发展,提"质"增"量" ... 175
4.3 文化传承,凝结精神内核 ... 179
案例5:秉承历史,凝神聚力 ... 179
4.4 国企担当,践行社会责任 ... 184
案例6:决战决胜脱贫攻坚战 ... 184
4.5 科技赋能,铸就国企典范 ... 189
案例7:新时代的国企典范 ... 189

结　语　　　　　　　　　　　　　　　... 196

参考文献　　　　　　　　　　　　　　... 200

01

第 1 章

如何认识和理解
"兴企有为"

国有企业是中国特色社会主义的重要物质基础和政治基础，是中国共产党执政兴国的重要支柱和依靠力量。自1949年新中国成立以来，特别是1978年改革开放以来，在公有制为主体、多种所有制经济共同发展的基本经济制度下，国有企业扮演了保障基本制度、发挥国有经济主导作用的不可替代的角色，取得了巨大成就，为国民经济和社会发展、科技进步、国防建设、民生改善做出了历史性贡献，功勋卓著，功不可没。国有企业始终是中国特色社会主义经济的"顶梁柱"。

国有企业领导干部是推动国有经济发展的重要骨干，是把握国有企业发展政治方向的"关键少数"。在国有企业运营中，国有企业领导干部承担着践行党和国家经济方针、领导企业进步的重要职责，是"共和国长子"的管理者与实践者，对企业的发展起着决定性的领导作用。"兴企有为"四个字虽然言简意赅地指明了国有企业领导干部的履职要求，但要充分领会其中的含义，还需要深入理解其背后所蕴含的国有企业历史使命和时代责任。

1.1 "兴企有为"的基本内涵

中国社会自古就对"兴"字寄予了很高的期望,以致"兴"已经凝结为一种独特的传统文化精神。"兴"是汉语常用字,最早见于商代甲骨文。东汉许慎著的《说文解字》作为中国第一部系统分析汉字字形和考究字源的字书,对"兴"字的解释是"兴,起也",有着"兴盛、兴起、起来、使蓬勃发展"的含义。清代顾炎武在《日知录》中提出:"保国者,其君其臣肉食者谋之;保天下者,匹夫之贱与有责焉耳矣",此后被梁启超精炼为"天下兴亡,匹夫有责",要求人民对于国家的兴衰负有责任与义务。而对于个人在历史中应该如何定位自己,如何实现人生价值,先秦管仲在《管子·君臣下》中这样诠释:"为民兴利除害,正民之德"。宋代王安石在《答司马谏议书》中也论道:"举先王之政,以兴利除弊,不为生事"。这些言论都是要求兴办对国家人民有益有利的事业,除去各种弊端。西晋杨泉在著述《物理论》中言道:"傅子曰:'诸葛亮诚一时之异人也,治国有分,御军有法,积功兴业,事得其机'",这里的"积功兴业"讲的是建立功业、实现抱负。可见,从字面来讲,兴企指的就是使企业兴盛、蓬勃发展的意思。

"为"最早见于图形文字,其本义实为役象以助劳,引申义为做、干,又引申为种植、建造、制作、治理、充当、掌管等。

"有为",即做出成绩、有所作为之意,同样是中华传统文化所倡导的优良品德。"有为"一词最早可以追溯到中国最古老的经典著作之一——《易经》。《易·系辞上》中这样说:"是以君子将有为也",这里强调的就是有所作为。宋代改革家王安石在《答司马谏议书》中发出感慨:"奋发有为大有为也",同称唐宋八大家的苏轼在《学士院试孔子先进论》中则呼吁:"君子之欲有为於天下,莫重乎其始进也"。从这些古代先贤的至理名言中可以看到,在中华传统文化中"有为"一词体现的是一种崇高境界,强调的是一种担当拼搏精神。要做到"有为"就要在其位、尽其职,"以国事为己事,以国权为己权,以国耻为己耻,以国荣为己荣"[一],即要将个人的具体事功与国家、民族的命运联系到一起。

中华传统文化中古人、先贤们所倡导的敢于担当、奋发进取、有所作为精神,并没有随着时间流逝而消失。习近平总书记对国有企业领导干部提出"兴企有为"的要求,在传统文化基础上赋予了更为鲜明的时代特征。他还指出,我国知识分子有"为天地立心,为生民立命,为往圣继绝学,为万世开太平"的志向和传统[二]。同样,作为党领导下的国有企业领导干部,肩负着建设社会主义新时代的重大历史使命,也应拥有这样的崇高境界和

㊀ 见梁启超的《爱国论》。
㊁ 见习近平 2016 年 5 月 17 日在哲学社会科学工作座谈会上的讲话。

人生志向。

从狭义的角度来理解，"兴企有为"就是国有企业领导干部以国有企业强盛、发展为纲，立足本职工作，充分发挥个人才智，不断提升个人能力，在岗位上有所担当与作为，充分发挥国有企业优势，尽职尽责地完成党和国家交给他们的任务，最大限度地创造国有企业政治价值、经济价值和社会价值。做企业要有"积功兴业"理念，做到有理想有抱负，能将自己的精力投入事业中，全心全意为企业服务，将岗位职能的价值发挥出来。更为广义的理解是国有企业领导干部要不忘初心、牢记使命，将个人能力与作为上升到企业组织能力和作为的层面上，即借助党和国家提供的良好平台，着眼于提高国有企业组织的综合能力，通过不断增强整个国有经济的竞争力、创新力、控制力、影响力、抗风险能力，做强做优做大国有资本，以引领事业方向，增强道路自信，保障制度优势，推动社会进步，为中国经济和社会发展贡献力量、有所建树。总而言之，"兴企有为"要求国有企业领导干部要能够心怀国家、心系人民，清楚地意识到自己拥有的职权是党和国家赋予的，寄托着人民的期望。要做对企业有利的事情、对人民有利的事情、对党和国家有利的事情，用国有企业的经济示范性与带头引领作用去引导经济和社会发展，助力中华复兴与经济繁荣。

自改革开放以来，伴随着经济社会的高速发展，涌现出一大批勇于担当、奋力作为的国有企业领导干部。他们具有强烈的政治责任感、历史使命感与家国情怀,在党和国家的领导下,他们在自己的本职岗位上,不断展现出杰出的经济思维、市场意识和经营才能,利用经济规律和现代企业管理手段取得了不凡的成绩,使国有企业的功能和作用得到发挥。他们用自己的行动诠释了"兴企有为"。

1.2 "兴企有为"的基本特征

从新时代国有企业领导干部的使命和责任来解读"兴企有为",其基本特征可以从体系、使命、价值、运行四个层面来认识和理解。其中,体系是系统逻辑特征,展现统一整体、紧密关系;使命是性质定位特征,显示历史责任、任务担当;价值是导向引领特征,表明目标指向、终极追求;运行是操作执行特征,强调行为实践、工作落实。

1.2.1 体系特征

体系泛指一定范围内或同类的事物按照一定的秩序和内部联系组合而成的整体。党对国有企业领导干部提出的"二十字"要求是包括五个方面要求的统一整体,相互联系、密不可分,是对国有企业领导干部定位长期认识的总结,是在实践经验的基础上经过思维加工而形成的、具有严密逻辑结构的体系。"兴企有为"是其中的重要组成部分。体系特征是指

"兴企有为"与"二十字"要求整体及要求其他组成部分构成的体系逻辑关系。

1. "二十字"要求体系形成背景

"为政之要，莫先于用人。"政治路线确定之后，干部就是决定因素。这是我们党发展壮大的重要法宝，是党和国家前进的有力保障。实现中华民族伟大复兴的中国梦，关键在党，关键在人，关键在培养和造就高素质的干部队伍。早在2014年8月召开的中央全面深化改革领导小组第四次会议上，习近平总书记指出："国有企业特别是中央管理企业，在关系国家安全和国民经济命脉的主要行业和关键领域占据支配地位，是国民经济的重要支柱，在我们党执政和我国社会主义国家政权的经济基础中也是起支柱作用的，必须搞好。"这是党和中央对国有企业在国民经济中的定位，是国有企业良好发展的重要意义所在，也是国有企业领导干部奋斗的目标。正是基于国有企业的重要性，习近平总书记进一步叮嘱国企负责同志，强调"肩负着搞好国有企业、壮大国有经济的使命，要强化担当意识、责任意识、奉献意识"。在2016年10月全国国有企业党的建设工作会议上，对国企领导干部的这种历史使命要求与精神意识要求，凝结为"对党忠诚、勇于创新、治企有方、兴企有为、清正廉洁"的"二十字"要求。

也是在这次会议上，习近平总书记强调，坚持党对国有企业的领导是重大政治原则，必须一以贯之；建立现代企业制度是国有企业改革的方向,也必须一以贯之⊖。要通过加强和完善党对国有企业的领导、加强和改进国有企业党的建设,使国有企业"成为党和国家最可信赖的依靠力量,成为坚决贯彻执行党中央决策部署的重要力量,成为贯彻新发展理念、全面深化改革的重要力量,成为实施'走出去'战略、'一带一路'建设等重大战略的重要力量,成为壮大综合国力、促进经济社会发展、保障和改善民生的重要力量,成为我们党赢得具有许多新的历史特点的伟大斗争胜利的重要力量"⊖。要坚持有利于国有资产保值增值、有利于提高国有经济竞争力、有利于放大国有资本功能的方针,推动国有企业深化改革、提高经营管理水平,加强国有资产监管,坚定不移地把国有资本做强做优做大。

2. "二十字" 要求的体系内涵

针对国有企业领导干部的"二十字"要求既有历史传承,又蕴含着鲜明的时代发展特征。构成"二十字"要求的五个方面内容相互依存、相互促进,形成了一个严谨的体系逻辑关系。

中国共产党始终把讲政治摆在首要位置。坚持党对国有企业的领导始终是国有企业的重大政治原则,是国有企业领导人的首

⊖ 两个"一以贯之"的论述体现了国有企业特殊属性与现代公司基本属性的有机统一,为立足国情,结合实际,建设中国特色现代国有企业制度提供了根本遵循。

⊖ 六个"重要力量"的论述在新的历史起点上对国有企业做出了新的历史定位,也是对国有企业提出的殷切希望和努力方向。

要担当,是中国国有企业最重要的特色。"对党忠诚"要求国有企业领导干部要旗帜鲜明讲政治,加强自律、慎独慎微、率先垂范,加强党性修养,陶冶道德情操,永葆共产党人政治本色,增强政治定力、纪律定力、道德定力、抵腐定力。在工作中,国有企业领导干部"要坚定信念、任事担当,牢记自己的第一职责是为党工作;要牢固树立政治意识、大局意识、核心意识、看齐意识;要把爱党、忧党、兴党、护党落实到经营管理各项工作中"㊀。必须重视和加强国有企业领导干部的培训,把思想政治工作作为企业党组织的一项基础性工作来抓。"对党忠诚"是"兴企有为"的政治保证和思想保证,是国有企业领导干部面对新时代复杂环境下最有力的思想武器。

党的十八届五中全会提出了以"创新"居首的五大发展理念㊁,创新已经成为引领现代企业发展的首要动力来源。当今市场,各种新产业、新业态、新模式快速兴起,新经济要素不断冲击着原有的商业模式与商业思维。国有企业作为中国经济的支柱力量,面对日趋激烈的国内外市场竞争要敢于担当、勇于创新,通过实施创新驱动发展战略引领中国经济发展。贯穿始终、蔚然

㊀ 见习近平2016年10月在全国国有企业党的建设工作会议上的讲话。
㊁ 2015年10月29日,习近平在党的十八届五中全会第二次全体会议上的讲话鲜明提出了创新、协调、绿色、开放、共享的发展理念。新发展理念符合我国国情,顺应时代要求,对破解发展难题、增强发展动力、厚植发展优势具有重大指导意义。

成风的全方位创新是企业的灵魂。奥地利经济学家熊彼特认为：创新是一种"革命性"变化，是经济发展的本质规定，是企业家的职能特征。因此，国有企业领导干部作为国有企业负责人，平庸与优秀的重要区别之一就是能否实现企业的创新发展，是否具备创新精神和能力。"勇于创新"作为导向理念和动力机制，既推动国有企业领导干部在"兴企有为"的道路上全力以赴，又为"兴企有为"提供了丰富多彩的突破手段和选择路径。

国有企业领导干部要提高经营管理水平，要聚焦企业效能和价值增长，坚持价值导向，强化价值创造，提升价值能力，不断提升企业的基础管理能力和经营水平；完善管理体系，提供优质产品和服务，保障安全生产，培育政治合格、业务过硬的高素质人才队伍，强化企业文化建设，塑造顶尖品牌，坚持绿色发展，履行社会责任，实现一流效益和可持续发展。把党的领导融入国有企业公司治理各环节，把企业党组织内嵌到公司治理结构之中，坚持"三重一大"的决策监督制度[一]。通过坚持和完善职工监事制度、职工代表大会等民主管理制度，在推进厂务公开、业务公开上调动工人的积极性、主动性、创造性，把职工群众的知情权、参与权、表达权、监督权落到实处。"治企有方"奠定的价值基础为"兴企有为"致力的引领追求提供了坚实的起点。

[一] "重大事项决策、重要干部任免、重要项目安排、大额资金的使用，必须经集体讨论做出决定"的制度（简称"三重一大"制度）。最早源于1996年第十四届中央纪委第六次全会公报。

习近平总书记说："党和人民把国有资产交给企业领导干部经营管理，是莫大的信任。"国有企业领导人要承担这份信任和重托，不仅要聚精会神凝聚力量做强做优做大国有资本，让国有企业成为党和人民最可信赖的依靠力量，还要不断提高党性修养，把好用权"方向盘"，系好廉洁"安全带"，激浊扬清，扶正祛邪，永葆共产党人政治本色。国有企业领导干部在思想深处养正气、筑政纪，让清正廉洁的思想深入骨髓，才能巩固国有企业改革和发展成果。包括"兴企有为"在内，所有国有企业领导干部的努力和成果，都要依托于"清正廉洁"来维护和发扬。

国有企业领导干部的大局观和战略观要保证企业健康成长，与时俱进的创新观为推动企业持续发展提供动力，价值增长导向的治企观不断增强企业发展后劲，清正廉洁的用权观保障了企业发展成果不致丧失，这些都是"兴企有为"的保障力量与前进基础。

3. "兴企有为"的体系逻辑关系

如前所述，在"二十字"要求中，"对党忠诚"是国有企业领导干部的初心和本色；"勇于创新"是国有企业领导干部带领企业发展的动力；"治企有方"是国有企业领导干部驱动企业远航的基础；"清正廉洁"是国有企业领导干部拒腐防变、巩固硕果的坚强壁垒。而"兴企有为"是"二十字"要求中既独立又有着承上启下作用的重点内容。

如果说"创新"是动力，是企业运营和发展的根本性推动力量,"治企"便是价值创造的基础,是依托于规范治理、效率管理的制度保障。那么,"兴企"则是基于"创新"和"治企"所应达到的高峰。"兴企有为"既要求自身不断进步、更新,更强调超越自身而对微观经济行为的引领,是在领先、引领的意义上以超越的方式驱使、带动企业向前、向上发展。"兴企有为"既要持续前进,又要控制方向,还要追求领先,是带动企业在正确方向上保持不断进取的态势进而获得领先优势、奠定引领地位的统一。"兴企有为"作为党和国家对国有企业领导干部特有的要求,其核心要点就在于要克服保守思想、畏难情绪,有意识、有担当、有作为、有能力地主动带领企业在正确的方向上不断进取、不断前进,不仅能够想方设法引领企业向上攀登,还要能够使企业通过市场竞争在特定行业和领域中脱颖而出,成为排头兵和引领者。

由此可见,"兴企有为"与"二十字"要求其他方面的内容是紧密联系的,是相互依存、相互促进的。由国有企业性质和功能所决定,"对党忠诚"是对国有企业领导干部的政治要求,是"兴企有为"的思想政治保障。"勇于创新"是对国有企业领导干部内生动力来源的要求,解决"兴企有为"的导向理念和动力机制问题。"治企有方"则提出国有企业领导干部向内治理与管理企业以强化价值创造的方法、路径,为"兴企有为"提供创造价值的坚实内在基础。而要在这些内在动力和基础上不断向前、向外突破,实现引领,就需要国有企业领导干部能够有"兴企有为"的担当与作为。"兴企有为"是优秀国有企业领导干部经一系列努力后交出的最终成绩单。然而上述这四个方面还不是对一个国有企业领导干部要求的全部,还需要国有企业领导干部在权力和利益面前能摆得清位置、抵得住诱惑、守得住底线,也就是要做到"清正廉洁"。"清正廉洁"是对国有企业领导干部道德品质、个人作风和职业操守的要求,只有正直无私、廉洁自律、奉公守法,才能在政治方向上坚守初心、体现忠诚,才能维护和巩固来之不易的发展成果。

所以,"兴企有为"是一种国有企业领导干部特有的担当与作为。这种担当与作为,意味着国有企业领导干部在时代特有条件下依靠党和人民群众,以崇高的精神境界为支撑,依托国有企业广阔的事业舞台,最大限度地发挥个人的聪明才智。一个"兴企有为"的国有企业领导干部要能坚持政治方向、攻坚克难、担起责任、有所作为,成就国有企业发展的大事业。

1.2.2 使命特征

使命是在社会经济发展中某一主体所应担当的角色和责任。对国有企业而言,使命指企业肩负的重大历史责任和任务担当,是企业的根本性质和存在的理由。"兴企有为"在国有企业和国企领导干部两个层面显示出历史使命特征。此外,从使命特征还引申出"兴企有为"的政治定位和战略定位两个重要内容。

1. 国有企业的历史使命

国有企业是为了适应社会发展的需要而设立的，在中国共产党领导下的国有企业有着一以贯之的历史使命。在特定的历史背景下，国有企业经历了不同的发展阶段，每一阶段都有着其特殊的历史使命。

（1）1949－1978年。新中国刚刚建立时，经济基础处于薄弱状态，国家通过没收、接收、改造等方式形成了第一批国有企业，以此作为新中国经济建设的主要力量。在这一阶段，我国实行集中的计划经济体制，在国家对经济活动采取直接指令性计划管理，经济决策权高度集中于政府部门，社会资源计划配置的背景下，国有企业的特征主要表现为行政主导、按指令生产、统购包销，国有企业由政府部门集中管理，利润绝大部分用于上缴财政、支援国家建设。这一阶段国有企业的历史使命一方面是恢复国家经济，解决民生问题；另一方面是增加国家实力，稳固政治基础，巩固新生政权，保障国家安全。

（2）1979－1992年。中国共产党于1978年12月召开的十一届三中全会，拉开了中国改革开放的大幕。国有企业改革成为城市经济体制改革的中心环节，从"放权让利"到推进所有权与管理权相分离，积极有效地推动"政企分开"，为国有企业领导赋权，调整利润上缴比例，调动国有企业积极性。这一阶段，国有企业是党推进改革开放、发展工业、进行经济建设的主要手段。国有企业主要的历史使命是如何通过自身的"放权让利"式改革,引领、配合以城市为中心的各领域经济体制改革,并助推中国经济良好有序发展。

(3) 1993—2013年。1993年3月,党的十四届三中全会《中共中央关于建立社会主义市场经济体制若干问题的决定》指出:"国有企业实行公司制,是建立现代企业制度的有益探索""建立现代企业制度,是我国国有企业改革的方向"。国有企业改革进入制度创新阶段,现代企业制度成为国有企业改革所追求的目标。接着十四届三中全会把现代企业制度的基本特征概括为"产权清晰、权责明确、政企分开、管理科学"十六个字。1999年9月,十五届四中全会通过《中共中央关于国有企业改革和发展若干重大问题的决定》,指出推进国有企业改革和发展是一项重要而紧迫的任务,提出从战略上调整国有经济布局、推进国有企业战略性改组,再次强调要建立和完善现代企业制度,并重申对现代企业制度基本特征"十六字"的总体要求。国有企业改革的核心,就是建立现代企业制度。通过转换国有企业经营机制,进行建立现代企业制度的探索,形成新的制度安排,取代淘汰落后、僵化的制度体系,推动由"管企业"向"管资产"过渡。国有企业公司制探索,促进了不同所有制主体之间的混合,提高了企业的经营效率。国家通过《劳动合同法》等法律规定缓解了国有企业的劳资冲突,并利用竞争机制对国有企业管理者进行激励与约束,还进行分税制改革以及试行国有资本经营预算制度来规范利润分配。这一阶段,配合国家建立社会主义市场经济体制的改革进程成为国有企业的首要历史使命,通过现代企业制度的创新集中力量搞好关系到国民经济的关键领域建设。

(4) 2013年至今。随着国有企业现代公司制逐渐完善,国有企业改革和发展进入攻坚期和深水区,改革内容聚焦于深层次的结构性问题。在全国国有企业党的建设工作会议上,习近平总书记强调的两个"一以贯之",体现了国有企业特殊属性与现代公司基本属性的有机统一,为建设中国特色现代国有企业制度提供了根本遵循。提出的六个"重要力量"既是对新时代国有企业发展的目标要求,更是对国有企业地位作用的具体化阐释。作为国有经济主体的国有企业,必须在实现国家战略、履行好政治责任、经济责任和社会责任上发挥不可替代的作用,为中国特色社会主义伟大事业提供更加强大的物质基础和政治基础。这是新时代国有企业肩负的历史使命,也是国有企业领导干部"兴企有为"的责任担当。

纵观我国社会主义建设、改革和发展历程,国有企业为推动我国经济社会发展、科技进步、国防建设、民生改善做出了重要历史性贡献,保障了国家战略的有效实施,在不同阶段有力地推动着我国社会主义建设。新中国成立后,国有企业为我国构建独立完整的工业体系和国民经济体系建立了历史功勋。改革开放以来,国有企业改革作为经济体制改革的中心环节,始终发挥着牵引性作用。特别是党的十八大以来,国有企业在新时代的新征程中改革创新、开拓进取、攻坚克难,在做强做优做大国有资本的道路上迈出坚实步伐，取得了明显成效。在新时代社会主义市场经济条件下，国有企业是"五位一体"推动建设全面小康的重要因素。正如习近平总书记指出的那样，国有企业特别是中央管理企业，在关系国家安全和国民经济命脉的主要行业和关键领域占据支配地位，是国民经济的重要支柱，在我们党执政和我国社会主义国家政权的经济基础中也起到了支柱作用。

在2020年抗击新冠肺炎疫情的斗争中，国有企业主动作为，发挥强大的政治优势、组织优势、技术优势、产能优势和引领优势，为打赢疫情防控战注入了更多底气与信心，也为自身高质量发展奠定了坚实基础，充分体现了在"兴企有为"的激励和强大支撑下国有企业的使命意识和担当作为。例如，中央国有企业发挥特点、专长，把优势力量集中到解决最紧迫的问题上来，全力以赴攻坚克难。中央企业不仅大力推动传统产业领域的科技创新，加强药品疫苗、检测试剂、医疗装备等的科研攻关助力疫情防控，还抢抓技术更新迭代的发展机遇，将对"新技术、新产业、新业态、新模式"的探索从实验室带到了抗疫一线，大力推动大数据、云计算、5G、人工智能技术更快、更好投入使用，助力复工复产，着力促进数字经济和实体经济的深度融合，加快改造提升传统产业、培育壮大新兴产业，努力实现高质量发展。

2. 国有企业领导干部的历史使命

国有企业的特殊地位和重要作用，使国有企业责无旁贷地履行其特定的历史使命。而作为国企掌舵人、实操者，国有企业领导干部在带领国有企业履行历史使命的过程中也天然肩负着自己的历史使命。

(1) 对党忠诚，坚持党的领导，完成党的任务

国有企业是我们党执政兴国的重要支柱和依靠力量。中央有要求、国企有行动、落实见成效，全党服从中央的领导是原则问题。习近平总书记在全国国有企业党的建设工作会议上指出：坚持党的领导、加强党的建设，是我国国有企业的光荣传统，是国有企业的"根"和"魂"，是我国国有企业的独特优势。党对国有企业的领导是政治领导、思想领导、组织领导的有机统一。国有企业党组织发挥领导核心和政治核心作用，归结为一点，就是把方向、管大局、保落实。使党组织发挥作用组织化、制度化、具体化，并处理好党组织和其他治理主体的关系，明确权责边界，做到无缝衔接，形成各司其职、各负其责、协调运转、有效制衡的公司治理机制。同时在企业发展的各个方面加强党的建设，凝心聚力、聚拢人才、激发活力、引领发展，建设具有活力和竞争力的国有企业。国有企业领导干部作为国有企业建设的掌舵人、实操者，必须清醒地认识到党和人民把国有资产交给自己经营管理，是莫大的信任和重托。因此，国有企业领导干部必须忠诚于党的事业，履行自己的政治使命，时刻认知国企"姓党为民"的政治本色，"不忘初心，牢记使命"，认真贯彻执行党的科学决策，有效地巩固和发挥国有企业独有优势，无条件地完成党交给的任务，着力抓好国有企业自身的发展，以国有企业的整体

实力和水准的不断提高做强做优做大国有资本,增强国有经济的竞争力、创新力、控制力、影响力、抗风险能力,增强国家经济实力,确保国民经济可持续健康发展。为此,国有企业领导干部要自觉接受党性教育、宗旨教育、警示教育,严明政治纪律和政治规矩,不断提高自身思想政治素质,增强党性修养和政治使命感。

(2) 保持本色,引领成长,做社会表率

国有企业领导干部是国有企业建设的主要力量,是党在经济领域的执政骨干,是治国理政复合型人才的重要来源,必须具备较高的领导素质、管理水平和引领能力,要成为社会表率,将国有企业的建设硕果造福于社会。要时刻清醒地认识到,国有企业的主体是全体人民,也要服务于人民,造福于人民,回馈社会。国有企业领导干部要时刻保持党的优良作风,忠诚履职、尽责担当,踏实工作、奋发图强,团结群众、引领成长,为广大人民做新时期的表率。要坚持质量第一、效益优先,以供给侧结构性改革为主线,率先实施质量变革、效率变革、动力变革,坚定做高质量发展的推动者和带头人,全身心地投入新时代中国特色社会主义建设中。要坚持学习现代科技知识和企业管理方法,提升专业化水平和创新能力,将理论与实践相结合,勇于创新,奋力作为,不断强化国有企业的优势和影响力,主动承担社会责任。

(3) 履行职责、实现国有资产保值增值,建设新时代社会主义

国有企业领导干部的一个独特职责,就是肩负着国有资产保

值增值的重任。在国有企业发展的过程中，国有企业领导干部要善于分析市场变化、了解行业特性，抓住机遇，开拓进取，想方设法提高企业效益、增强企业竞争力、实现国有资产的保值增值，创造党和人民满意的改革和经营成果。在新时期，国有企业领导干部要将党的建设与公司治理相结合，管理好国有资产、实现国有资产保值增值，推动我国经济由高速增长阶段迈向高质量发展阶段。在国际竞争日益激烈的背景下，国有企业领导干部要以更广阔的视角，在更大范围和领域追求更高层次的推进布局优化、结构调整以及战略性重组，将自己所经营和管理的国有企业打造成具有国际竞争力的世界一流企业。

3. "兴企有为"的政治定位

从政治定位而言，国有企业作为党和国家最可信赖的依靠力量，作为坚决贯彻执行党中央决策部署的重要力量，"兴企有为"是国有企业充分体现这种力量的行动逻辑和实践基础。经过长期努力，党和国家的事业发展进入了新时代，我党以坚定自信的姿态开启了新时代中国特色社会主义建设的伟大征程。国有企业必须投入新时代中国特色社会主义建设事业中，通过奋发进取、敢于担当、有所作为，将国有资本做强做优做大，发挥经济社会发展的重要引领作用，得以坚守正确的政治定位。

"兴企有为"是党和国家对国有企业领导干部政治意识的考验。作为党领导下的国有企业领导干部，要有坚定的政治信仰、能够坚持正确的政治方向、能够坚持政治原则，具有敏锐的政治鉴别力才能真正做到"兴企有为"。一个合格的国有企业领导干部，要按照党和国家的政治要求谋划推进工作，党和国家在对国有企业领导干部的选择上务必突出政治标准，加强政治领导和指引。同时，"兴企有为"也是对国有企业领导干部大局观意识的考验，在工作中正确认识大局、自觉服从大局、坚决维护大局是国有企业领导干部带领国有企业为何"为"、如何"为"、有何"为"的前提。一个合格的国有企业领导干部要能够正确处理企业与国家、局部与全局、当前与长远的关系。"兴企有为"是国有企业领导干部核心意识的体现。国有企业领导干部要紧密地团结在以习近平同志为核心的党中央周围，做到在思想上认同核心、在政治上围绕核心、在组织上服从核心、在行动上维护核心，将"兴企有为"作为党中央部署的重要任务扎实做好、落实到位、有所作为。"兴企有为"也是国有企业领导干部看齐意识的表现。在国有企业领导干部工作中，只有具备看齐意识才能做到"三个看齐"、"三个坚决"㊀。看齐意识是国有企业领导干部执行党的工作过程中的政治要求，也是政治纪律。

"兴企有为"不但是"四个意识"表现的具体落实，也是"四个自信"的真实反映。首先，坚信中国特色社会主义道路是实现社会主义现代化的必由之路，是中华民族走向繁荣富强、中

㊀ 即向党中央看齐，向党的理论和路线方针政策看齐，向党中央决策部署看齐，做到党中央提倡的坚决响应、党中央决定的坚决执行、党中央禁止的坚决不做。

国人民幸福生活的根本保证，国有企业就是要理直气壮做强做优做大国有资本。国有企业领导干部只有道路自信，才能更为坚定地带领国有企业走向"有所作为"。其次，国有企业"兴企有为"是在共产党执政规律、社会主义建设规律、人类社会发展规律作用下进行的，是在马克思主义理论特别是中国特色社会主义理论体系指引下进行的，是党领导下国有企业领导干部理论自信的实践成果。再次，国有企业"兴企有为"是在中国特色的社会主义制度下推动和发展的，是制度自信的真实反映。最后，国有企业领导干部"兴企有为"离不开中国特色社会主义文化先进性的影响。党和人民对社会主义核心价值观的普遍共识和价值认同，是国有企业"有所作为"的基本文化环境。

4. "兴企有为"的战略定位

作为党中央对国有企业领导干部特殊要求之一的"兴企有为"，其战略定位源自于使命特征。国有企业的特殊属性和独特使命使国有企业与国家的命运紧紧联系在一起，国家战略需要各个领域国有企业强有力的支撑，国有企业自身的战略以实现和服务国家战略为前提条件，这就意味着"兴企有为"要围绕国家战略展开，要为国有企业实现和服务国家战略提供能力上、机制上的充分保障。国家战略也会给国有企业带来更多的发展机遇，"兴企有为"有更大的发挥空间。

首先,"兴企有为"是实现"五位一体"总体布局⊖对国有企业的必然要求。党和国家在科学发展观的指导下,提出了经济建设、政治建设、文化建设、社会建设、生态文明建设,"五位一体"建设全面小康社会的总体布局。内含着党和国家最高领导人的执政思想和理念,是从实践中来又到实践中去的治国理政思想的体现。"兴企有为"就是要将国有资本做强做优做大,使之能够有效促进中国经济发展,为政治、文化、社会、生态文明建设全面进步和协调发展打下微观基础,成为"五位一体"总体布局下实现国家经济建设战略目标的重要力量。

其次,"兴企有为"是实现马克思主义与中国实际相结合的"四个全面"⊜的重要内容。党和国家当前和今后一个时期各项工作关键环节、重点领域、主攻方向是实现"四个全面"战略布局。"四个全面"战略布局是对我们党治国理政实践经验的科学总结和丰富发展,集中体现了时代和实践发展对党和国家工作的新要求,确立了续写中国特色社会主义新篇章的行动纲领。国有企业的良好发展可以有效促进中国经济的持续健康发展,从而在经济建设方面确保实现全面建成小康社会的宏伟目标。"兴企有

⊖ 2012年11月,党的十八大站在历史和全局的战略高度,对推进新时代"五位一体"总体布局作了全面部署。从经济、政治、文化、社会、生态文明五个方面,制定了新时代统筹推进"五位一体"总体布局的战略目标。

⊜ "四个全面",即全面建成小康社会、全面深化改革、全面依法治国、全面从严治党。

为"有赖于深化国有企业改革,"兴企有为"的动力、活力、创新力既取决于国有企业改革的进程,又是国有企业改革取得实效的体现,而国有企业改革是经济体制改革的最重要内容之一。此外,国有企业这一特殊的制度安排是置于全面依法治国和全面从严治党的基本框架之下的。因而,"四个全面"引领国有企业改革与发展,"兴企有为"要服从于、服务于"四个全面"。

再次,"兴企有为"是国有企业走在经济高质量发展前列的具体行动。党的十九大提出按照高质量发展的要求,统筹推进"五位一体"总体布局和协调推进"四个全面"战略布局。国有企业要通过改革创新,走在高质量发展前列,"兴企有为"就要在创新驱动发展、转换增长动力、提高全要素生产率、推动绿色发展等方面着力,为打造高质量发展的国有企业主动担当、积极作为。

最后,国有企业在"引进来和走出去"、"一带一路"建设、中国制造2025、科教兴国和人才强国、推进城镇化、乡村振兴等国家层面的战略以及各区域、经济带发展战略中都扮演着重要的角色、承担着重要的任务,"兴企有为"要顺应趋势、顾全大局、因势利导,着眼于引领各类微观经济主体助力这些战略的实施和实现,从而推动我国建设现代经济体系,达成我国现代化发展目标。

1.2.3 价值特征

从认识论上来说,价值是指客体能够满足主体需要的效用、效益或效应关系。对于在特定使命导向下国有企业作为组织和领导干部作为个人而言,"兴企有为"的价值特征指的是在不断为基本经济制度创造新价值的过程中奠定自身价值的目标指向、终极追求。在竞争日趋激烈的市场环境条件下,"兴企有为"的价值特征同样表现在国有企业发展对党和国家的价值与国有企业领导干部的人生价值两个层面。

1. 国有企业"兴企有为"是国家"基本经济制度"的价值体现

党的十九届四中全会审议通过了《中共中央关于坚持和完善中国特色社会主义制度、推进国家治理体系和治理能力现代化若干重大问题的决定》(以下简称《决定》),对我国基本经济制度做出了系统阐释和部署:"公有制为主体、多种所有制经济共同发展,按劳分配为主体、多种分配方式并存,社会主义市场经济体制等社会主义基本经济制度,既体现了社会主义制度优越性,又同我国社会主义初级阶段社会生产力发展水平相适应,是党和人民的伟大创造。必须坚持社会主义基本经济制度,充分发挥市场在资源配置中的决定性作用,更好发挥政府作用,全面贯彻新发展理念,坚持以供给侧结构性改革为主线,加快建设现代化经济体系。"国有企业体现的是社会主义公有制属性,代表着我国基本经济制度的重要特征,而国有企业这一制度的价值体现落实在"兴企有为"。

《决定》在对国有经济、国有企业、国有资本的论述中指出："探索公有制多种实现形式,推进国有经济布局优化和结构调整,发展混合所有制经济,增强国有经济竞争力、创新力、控制力、影响力、抗风险能力,做强做优做大国有资本。深化国有企业改革,完善中国特色现代企业制度。形成以管资本为主的国有资产监管体制,有效发挥国有资本投资、运营公司功能作用。"可以看到《决定》明确了国有企业经营权和所有权相分离的情况,国有企业改革在制度层面上完善了执行"兴企有为"的条件,而"兴企有为"在实践层面提供了国有企业贯彻落实制度要求、进行改革发展的路径。

2. 国有企业"兴企有为"是实现国有资产保值增值的前提与保障

国有企业要做到国有资产保值增值就要将企业资产、技术、管理、生产、市场等有效结合,在企业发展质量和规模上达到稳定提升,也就是国有企业能够持续发展。实现这一目标的要求之一就是能够做到"兴企有为"。在"兴企有为"的内涵要求中,充分发挥国有企业优势,创造国有企业价值是重要的一点。

在国有资产的保值增值过程中,国有企业领导干部需以企业战略目标为导向,考虑企业未来经营活动中的发展筹划、市场预测、企业资源配置等问题,并综合企业管理要求因素,做到保证企业的正常运转并创造可期的经济效益与社会效益。而国有企业领导干部要做到国有资产保值增值的前提之一就是具有"兴企有为"的担当与能力,要能够从更高、更广、更远的视角去谋划国有企业的未来,合理有效地利用经济学、管理学等现代企业管理理论,切实把国有资本做强做优做大。这就意味着,实现国有资产价值保值增值的过程,就是国有企业领导干部贯彻"兴企有为"要求的过程,"兴企有为"是国有资产价值保值增值的前提与保障。

3. 国有企业"兴企有为"是更好履行社会责任的时代要求

国有企业除了肩负价值创造的责任以外,还需要集中更多的资源和力量,在促进我国经济稳定发展、实现和服务国家战略布局、保障国家经济安全、重大科技攻关和应用示范、推动社会公平公正、弥补市场缺陷等方面发挥重要作用,这是国有企业与生俱来的基本功能和社会责任。这就表明,国有企业在参与市场竞争中除了要体现企业经济效益,要具有盈利性外,还肩负着巨大的社会责任。"兴企有为"恰恰是国有企业实现这些社会责任的基本方式和路径。

国有企业要履行职能、实现功能、完成使命,"兴企有为"提供了必不可少的保障前提。国有企业只有做到"兴企有为"才能积累强大的经营能力和价值创造能力,才有可能去影响、引领社会经济发展,才有能力创造出满足社会公共需求的收益,才有能力开展科技创新与领先应用,也才有能力以最佳的方式履行社会责任。在2020年肆虐全球的新冠肺炎疫情面前,正是广大国有企业依托自身强大的经营能力和价值创造能力，通过捐款捐物、应急抢建、保障市场供应稳定、科研攻关抗疫、复工复产示范、扶助中小企业等方式，履行着社会责任，充分彰显了国有企业勇于担当、甘于奉献的光荣传统，真正成为夺取疫情防控战和经济发展双胜利的主力军。例如，为了在较短时间内完成专门医院建设、快速提升收治能力，国有企业主动请缨、精锐出战，积极承担了全国各地专门医院的建设改造任务，开始了一场与时间竞速、与疫魔赛跑的较量。众多中央企业不辜负党和人民的重托，不惧艰难，团结奋战，10天内先后建成交付武汉火神山、雷神山专门医院，让全世界都为之赞叹。

4. 国有企业"兴企有为"是积极应对市场竞争的必然结果

党的十九届四中全会中提出增强国有经济竞争力、创新力、控制力、影响力、抗风险能力。国有企业作为国有经济的主要力量，在经营管理、技术研发以及市场开拓方面都需要具备一流的增效方式和强大的核心竞争力，只有这样才能有资格参与市场竞争，才有可能通过竞争更为有效地引领关键领域的进步，壮大国家经济实力。从增效方式上来说，管理机制、管理方式、企业文化、创新意识、员工主人翁意识等都是可以构成企业核心竞争力的软实力。而企业软实力的形成最终要依赖国有企业领导干部勇于担当、勇于创新、勇于实践的领导作风，有将国有资本做强做优做大的意识，带领国有企业有所作为。

面对日趋激烈的国内外市场竞争，要使国有企业有可为、能可为,就必须高度重视市场竞争环境,探究经济发展和企业发展规律,更有效地发挥组织资源优势,通过竞争提升企业的运营活力和创新能力。国有企业领导干部要在竞争中锻炼成长,在实践中积累经验,这是一个不断积累和进步的过程,是国有企业领导干部提升自我的过程。

5. 国有企业"兴企有为"是实现国企领导干部人生目标的价值寄托

"以永不懈怠的精神状态和一往无前的奋斗姿态,继续朝着实现中华民族伟大复兴的宏伟目标奋勇前进",习近平总书记在党的十九大报告中提出的这一呼吁,是我党在全面建设社会主义现代化国家的新征程过程中为全党树立的人生目标,是我党决胜全面建成小康社会、夺取新时代中国特色社会主义伟大胜利的人生号召。国有企业领导干部作为国企带头人,应保持坚持不懈、奋发有为的精神状态去完成以事业为使命的价值寄托,以勇于担当、倾力作为的奋斗姿态肩负起兴企强企的使命,在拼搏奋进中实现自己的人生价值。

在新时代国有企业的广阔舞台上,"兴企有为"为国有企业领导干部提供了在建设社会主义现代化强国的过程中施展才华、实现抱负的机会。国有企业领导干部把国有企业的价值发挥出来的过程,也是建功立业展现自身价值的过程。尽职履责地完成每一项任务,兢兢业业地做好每一份工作,敢作敢为地创造每一项业绩,在国有企业不同领导岗位上实现自己的人生价值,承载的是党和人民对国有企业领导干部的信任和重托。

1.2.4 运行特征

对企业而言,运行通常指推动、调节、制约企业系统各生产要素正常运转,以实现企业目标的功能性机制。运行特征是从企业实际运转的具体操作执行层面所体现的行为实践、工作落实。由前面三个抽象的或宏观的特征所决定,国有企业"兴企有为"的运行特征表现在实践性、主动性、引领性和综合性四个方面。

1. 实践性

"兴企有为"具有鲜明而强大的实践性特征。"二十字"要求是在系统思维、战略思维的科学指导下,从国有企业领导干部理论发展和实际运用中不断提炼形成的,既来源于实践总结,又为实践提供了具有系统性的科学指南。在国有企业党组织中发挥领导核心和政治核心作用,在把方向、管大局、保落实的前提下,"兴企有为"作为有源之水、有根之木的实践行为,一方面是国有企业领导干部在不同的岗位上以先进性特征千方百计引领国有企业前进,不断取得经营突破的具体过程,是国有企业领导干部以主动担当、积极作为的姿态履行自身历史使命的客观表现,另一方面是党和人民检验国有企业领导干部能否不负期望与重托的重要实践标准之一。

2. 主动性

在深化国有企业改革、着力创新体制机制、建立现代企业制度、建设更优更强更大的国有经济过程中，"兴企有为"能够极大地调动国有企业领导干部的主动性，更广泛地激发国企各级领导干部的内生动力和奋发活力。"兴企有为"使国有企业领导干部可以将自己的远大抱负和聪明才智融入国有企业创新突破、国有经济壮大与发展的过程中，可以使一个脚踏实地的"有为"国有企业领导干部在企业经营过程中通过摸爬滚打、市场竞争和奋斗考验而获得锻炼成长，成为一个有能力、有水平的现代卓越企业家或经营者，从而成就个人的辉煌人生追求。

3. 引领性

国有企业领导干部"兴企有为"的最终落实在引领性上得到集中体现。引领性作为"兴企有为"最突出的运行特征，是由国有企业"兴企有为"的体系特征、价值特征、使命特征和战略定位所决定的，是对国有企业"兴企有为"运行的终极要求。"兴企有为"的精髓就在于要由具有领先意识和奋斗精神的领导干部带动国有企业坚定不移、坚持不懈地追求引领性，通过党建引领、理念引领、战略引领、科技引领、业务引领和市场引领始终走在行业前列，当仁不让地充当行业发展的"带头人""稳定器"，成为行业中不断增强"六种力量"的坚强主体和具有竞争力的世界一流企业。"兴企有为"的引领性既是国有企业实践性和主动性的必然结果，也反过来对实践性和主动性提出要求。

4. 综合性

从"兴企有为"运行层面的上述三大特征（尤其是引领性特征）来看，国有企业领导干部要践行"兴企有为"，必须具备高度综合的个人素质和领导能力。个人素质表现在政治上是有很高的觉悟和大局意识，要能够听党的话、跟党走才能带领国有企业在正确的方向上前进，思想上有积极向上的世界观、人生观、价值观和法制观，道德上能自我约束、清正廉洁、刚正不阿、情操高尚，业务上熟悉市场、精通管理、不断进取、勇攀高峰，身体上强壮健康、精神饱满、精力充沛，心理上坚韧不拔、乐观向上、客观冷静。领导能力则在观察能力、实践能力、思维能力、整合能力、决策能力和交流能力等方面予以表现，同时还应具备对知识网络、语言表达、待人接物和危机应变的灵活操控能力，而且善于将所具有的个人能力转化为团队能力和组织能力。

1.3 "兴企有为"的实现方式

"兴企有为"是基于"勇于创新""治企有方"而对国有企业领导干部提出的更高要求。换句话说，从组织的层面看，相对于"勇于创新"和"治企有方"而言，"兴企有为"是国有企业的更高发展阶段，是以打造引领型企业为核心的更高目标。"兴企有为"的实现既要以创新发展和科学管理为基础，又要在这两者的基础上有更高要求、更大提升，要能够全面展示和系统体现新时代国有企业领导干部在体系、使命、价值、运行四个层面的基本特征。尤其要强调以实践性、主动性、引领性和综合性四个可操作性特征来落地生根，最终在正确的道路上把国有企业事业做强做优做大，从而得以充分落实、显现"兴企有为"的使命、价值特征。总之，国有企业领导干部要在"勇于创新""治企有方"的基础上有更大的突破，以"兴企有为"实现引领型企业的发展目标，打造世界一流企业样板，不断增强和巩固国有经济的"五力"。

"兴企有为"的实现方式可概括为五个方面，即打造引领型企业、强化价值创造、凝结精神内核、践行社会责任和形成典范效应。其中，打造引领型企业是核心，国有企业领导干部实现"兴企有为"是在多个发展角度上以企业与时代融合为基础牵引时代的脉搏，引领时代的发展；强化价值创造是手段，"兴企有为"是一种内生的、持续的自我迭代和再创造，以价值转变最终实现企业蜕变；凝结精神内核是力量，企业如果没有精神主线则很难形成一致合力、保持昂扬斗志，企业的持续发展将缺乏群体性力量来源和精神动力；践行社会责任是义务，是企业承担的高于组织目标的社会责任；形成典范效应是带动，是国有企业满足更高要求而客观展现出来的外在表现。

从整体来看，这五个方面的实现方式彼此联系、相互协调、互为支撑，共同形成国企领导干部实现"兴企有为"的努力方向。

1.3.1 打造引领型企业

从时代角度来说,当今世界正处于百年未有之大变局。国有企业正是这变局之下我党执政兴国的重要支柱和依靠,是新时代中国特色社会主义经济建设的重要参与者,是勇立潮头的弄潮儿。随着我国的经济发展阶段不断实现跨越,采取跟随性和同步性发展的国有企业已经难以满足新历史时期下社会经济进步的要求。也就是说,在新的时代背景下国有企业应该以高远的视野、前瞻的战略、先发的姿态、前沿的站位、领先的行动视角去引领企业、行业,乃至社会经济的发展。

其次,"兴企有为"所具有的运行特征不仅是从具体行动中抽象出来的共有特性,也可以把这些特性持续地反映到实践当中。这就要求各级领导干部在工作中要主动发挥综合能力优势,着力打造具有引领意义的国有企业,强化国有企业的经济示范性与支柱性功能,由此引导经济和社会的发展。

所以,领导干部以打造引领型企业来实现"兴企有为",这不但是在不同阶段国有企业历史使命所要求的必然发展路径,更是"兴企有为"运行特征的具体体现。

企业的发展是一个综合的、复杂的过程,国企领导要打造引领型企业也需要从多个方面和维度出发,具体来说应包括"党建引领、理念引领、战略引领、管理引领、科技引领、业务引领、市场引领"等几个方面。

国有企业的根和魂是"坚持党的领导,加强党的建设",建设引领型国有企业更应该具有强根固魂意识,以党建引领保障企业发展航道的正确。国有企业有了"根"有了"魂"还需要掌握"势",要以"理念引领"顺势而为,拓宽领导干部发展企业的思路,在思想上带动企业走到行业发展前沿。实现理念引领不但要能够预判未来发展方向,还要能够适时应务地研判当前形势,实施既满足现有条件下企业发展需求又能够在未来占领先机的"战略引领"。此外,国有企业要实现战略引领,必须要在管理、技术、业务、市场等几个方面同时发力,即实现企业的"管理引领、科技引领、业务引领、市场引领"等内容。

1.3.2 强化价值创造

打造引领型企业的过程是一个价值创造的过程,是需要领导干部以超越一般企业经营管理者的视野实现国有资产保值增值的过程。在这一过程中,国有企业的引领发展将极大地丰富我国经济建设理论,完成精神层面的价值创造,而在物质层面国有企业也将通过引领所处行业、影响社会经济而创造出巨大的财富价值,所以打造引领型企业并非是一个简单的争"先"或者争"鲜"的过程,而是一个价值创造的过程。

更重要的是,通过对国有企业历史使命的学习,我们知道国有企业是我国特色社会主义重要的物质和政治基础,是党执政兴国的重要支柱和依靠。从历史使命出发,国有企业无论从物质层面还是政治层面，都是我们党和国家价值创造的重要力量和组成部分。国企领导干部要实现"兴企有为"就必须具有使命担当的精神，不断地创造价值，并强化企业的价值创造能力。

加强价值创造既可以实现真正的保值增值，又可以帮助国有企业完成国家和人民交付的历史使命，做到真正的兴企有为。领导干部加强国有企业价值创造能力要全面思考、协调统一，在不同层面上共同推进。

在具体落实上，要加强国有企业的价值创造能力，需要从两个方向上着手：其一是增强内生性价值创造；其二是加强外在性价值创造。所谓内生性价值创造是指，思想层面上要能够根据企业发展过程总结经验，促进社会主义经济理论不断丰富；在物质层面上强化企业实力，注重效益、效率、品质的领先，做到保值增值。这里需要注意的是，新时代下的国有企业保值增值，既要重视"量"的保值增值又要注重"质"的保值增值，最终通过价值创造来实现兴企有为。企业体量、企业营收等指标保持稳定并不能真正说明企业保值。这是因为，受时间价值、通货膨胀等因素影响，同一指标所反映出来的企业真实价值会出现数量保值而价值减值的情况。同样，数量指标的增值受经济环境变化、竞争对手变化的影响，在价值上未必是真正的增值。加强外在性价值创造，则是指企业要能够产生较强的影响力，包括并不限于社会影响力、行业影响力、国际市场影响力等方面。

1.3.3 凝结精神内核

企业成员的群体精神是企业发展态势、管理水平最为直观的反映。在不同发展阶段的文化积淀影响下,群体精神面貌既会呈现出历史传承的一致性,又会体现出特定历史条件下的区别性。一致性是以企业历史精神为轴线,侧重反映的是企业自身的性质、任务、宗旨,而区别性则以企业组织精神为轴线,反映的是不同的时代要求和特定阶段的发展方向。国企领导干部对一致性和区别性的掌握,可助其对企业进行准确的定位,更好地完成其肩负的历史使命,适应环境的变化,并针对不同历史时期的特殊性形成企业合力。这种富于传承的企业历史精神内核能够保证国有企业不变质、不变色,赋予企业永葆青春的红色活力,而企业组织精神内核则能够让国有企业员工团结一心,铸就每个时代的企业成就。

要做到凝结国有企业历史精神内核,领导干部需要清楚本企业的设立初衷、发展历程以及代际传承下来的特色精神。以初衷看功能,以历程知传统,以精神育传人,在时间的轨迹上找寻企业发光点,照亮兴企之路,这是国企领导干部凝结历史精神内核的最为行之有效的方法和路径,也是"兴企有为"的实现方式之一。

领导干部面对当前的复杂环境,需要自上而下地贯彻党的先进理念,进一步实现企业组织精神内核的凝聚力。习近平总书记曾经指出，中国特色现代国有企业制度的"特"字，"特"就特在把党的领导融入公司治理各环节，把企业党组织内嵌到公司治理结构之中，明确和落实党组织在公司法人治理结构中的法定地位，做到组织落实、干部到位、职责明确、监督严格。从习近平总书记的讲话中可以看出，以党的指引来实现国有企业健康发展是要贯穿于企业组织各个层面的，是要将企业组织成员的世界观、人生观、价值观统一到一个精神内核里。

1.3.4 践行社会责任

相对于经济责任，企业社会责任是企业在考虑远期经济利益的基础上，在社会伦理与法律约束下所实现的道德责任和法律责任。企业作为市场经济机构的基本单元，较自然人而言其活动更具有法律意义和经济意义，这一社会主体行为势必会与社会产生交互性影响。基于此，无论企业性质和规模如何，履行自身社会责任都是一种合理需要。我国政府对企业社会责任问题持续关注和重视，由国务院国资委等六个部委牵头，启动了《企业社会责任促进法》的立法进程，将企业社会责任提高到国家治理的战略高度。国有企业一方面要在精神内核上与党和政府保持高度一致，又要能够在新常态下与社会经济的发展基调相协调，以此增强企业价值创造能力和核心竞争力，培育企业发展的新动能。

在践行社会责任上，国有企业应着重关注社会环境责任、社会关系责任、社会权利义务责任三个方面的问题。其中，社会环境责任方面以节能环保为主。企业在生产经营过程中应尽量高效利用自然资源，降低能源消耗，保障经济可持续发展。同时，要合理解决和处理空气污染、水污染、固体废弃物等生产经营中产生的废物污染问题，利用技术手段变废为宝实现污染物、废弃物的回收再利用。在社会关系责任方面，国有企业应注重社会安全、产品安全，以及员工健康安全等问题，合理合法维护企业自身权益的同时与员工、客户、社会构建和谐健康的关系。而对于社会权利义务责任，国有企业需主动遵守法律法规要求，恰当处理财务纠纷、企业治理结构等问题，建立良好的商业道德，树立良好的经营社会典范，凸显引领性作用。

1.3.5 形成典范效应

国有企业的红色基因中蕴含着先进生产力的关键要素。在参与市场竞争的过程中，国有企业以党的先进性为指引，以工人阶级的团结为基础，为创建世界一流示范企业而不懈奋斗。在这一奋斗过程中，国有企业不仅要在企业发展和成长中领先于对手、领先于行业、领先于时代变化，更要在企业典范性上有所追求。这种对典范效应的追求，既是由国有企业特质所决定的，又是在新时代背景下打造世界一流企业所必需的。所以，从内在来说，形成和增强国有企业典范效应是满足国有企业特殊内质的需求并将其具体化的过程；从外在来说，形成和增强国有企业典范效应是新时代历史条件下的必然要求和最佳选择。

要将增强企业典范效应落到具体行动上来,领导干部应在树立国家形象典范、变革创新典范、企业经营典范、企业品牌典范等几个方面下真功夫、苦功夫才能取得"兴企"成就。国有企业是国家的重要力量,是我国对外交往中重要的经济水平代表。在国际竞争中,领导干部要从争取国家利益、维护国家形象的角度出发,既要提升我国企业竞争地位又要展现国家实力。要实现这一目标,我国的多种所有制企业都应为之努力奋斗,而国有企业更应该率先垂范树立变革创新之典范,带动我国企业整体进一步变革发展。企业先进的经营理念、优秀的经营方式、快捷的经营效率是与变革创新互为作用的关系,国有企业要树立变革创新的典范势必要在企业经营方面同样具备典范特性。见微知著,企业的产品质量、服务质量、遵约守诺等都是企业品牌的代表,拥有良好的品牌形象是企业步入世界一流企业行列的必要条件。所以,增强品牌典范效应是国有企业完成世界一流企业目标所必须具备的,也是要重点完成的任务。

1.4 "兴企有为"的理论意义和现实意义

1.4.1 理论意义

1. "兴企有为"丰富了党的干部理论体系

优秀的国有企业领导干部是在党领导国有企业发展的过程中逐步涌现出来、成长起来的,国有企业干部理论作为党的干部理论体系的重要组成部分，是在改革开放和现代化建设实践中，在总结国有企业发展和改革经验的基础上，紧紧围绕国有企业的战略地位、历史使命而形成、发展的。以习近平总书记为核心的党中央，继承和坚持了马克思主义理论的基本立场、观点和方法，立足我国国有企业的现实情况，与时俱进地提炼和总结出在中国特色社会主义条件下国有企业领导干部的标准，把新时代选拔、任用、管理国有企业领导干部的实践要求上升为系统化、规范化的理解和论述，准确地反映了国有企业领导干部工作的本质和规律，将党的干部理论提升到了新的境界，极大地丰富了党的干部理论体系。

2. 丰富了党员干部担当与作为精神的本质内容

习近平总书记强调："有多大担当才能干多大事业，尽多大责任才会有多大成就。"担当精神是指党员干部坚持原则、认真负责，面对大是大非敢于亮剑，面对矛盾敢于迎难而上，面对危机敢于挺身而出，面对失误敢于承担责任，面对歪风邪气敢于坚决斗争的精神。国有企业领导干部面对日趋激烈的国内外市场竞争，要做到"兴企有为"就务必要具备担当精神，迎难而上、奋力作为、开拓进取，做脚踏实地、勇于担当的实干家，带领广大干部职工开创企业发展新局面。"兴企有为"的提出，在国有企业领导干部担当与作为精神方面做出更为精准、具象的刻画，是对党员干部担当与作为精神在国有企业场景下的本质性和规律性认识。

3. 是对治国理政思想的进一步深化

习近平国有经济思想是中国特色社会主义政治经济学的核心理论之一，也是习近平治国理政思想的重要根基之一，是新常态下中国经济改革和发展的重要指导思想。中国经济改革和发展的重中之重是国有经济和国有企业的改革和发展，国有经济和国有企业是习近平治国理政思想的有机载体，而国有企业领导干部则是国有企业的带头人。针对国有企业领导干部的思想和行为提出"兴企有为"的具体要求，既指明了国有企业改革与发展的目标和方向，又明确了党对国有经济战线领导干部的任职资格和考核标准，从体系层面上深化了习近平总书记的治国理政思想。

1.4.2 现实意义

1. 可以更好地指导实践

"兴企有为"作为对国有企业领导干部的要求，也向国有企业领导干部的工作提出了具体目标、标准，是用深刻的中国特色社会主义政治经济学指导国有企业发展。国有企业领导干部在"兴企有为"的方向指引下，能够更为具体、更有活力、更为果敢地进行国有企业建设，更加积极主动地参与到市场竞争中去，更能激发国有企业领导干部的创造力。通过"兴企有为"目标的确立，企业发展有目标、领导干部争一流、员工队伍人心齐，企业潜力就可以完全释放出来，企业成绩就会蓬勃向上、勇攀高峰。

2. 新时代下的新要求

中国特色社会主义进入了新时代，整个国家和民族都面临着实现中华民族伟大复兴的历史使命。"兴企有为"就是一种对国有企业领导干部的督促力量，"兴企"符合企业发展的客观规律，有利于满足人民群众对美好生活的向往，这是新时代赋予国有资本、赋予国有企业、赋予国有企业领导干部的历史要求。国有企业领导干部更应该时刻做好应对重大挑战、抵御重大风险、克服重大阻力、解决重大矛盾的准备。打造一个强而优的国有企业，正是国有企业领导干部适应新时代、满足新要求的必备功课。

3. 为国企改革助力

随着中国特色社会主义进入新时代，国有企业也迈上了改革的新征程。国民经济发展到现阶段，面临着供给侧结构性改革、经济高质量发展、创新驱动发展等问题，国有企业体制机制也都面临着重大调整。"兴企有为"的提出，意味着要将国有企业的改革与发展统一起来。国有企业改革的目的在于通过机制转换使国有企业能够做强做优做大，更好地履行国有企业的政治使命，发挥其不可替代的特定功能，而"兴企有为"则是在促进国有资本和国有企业保值增值的基础上获得引领性的发展，既是改革成效的真实体现，又能够以实实在在的"兴企"成果助力、推动国有企业改革。

第 2 章

国有企业的历史使命与时代责任

国有企业领导干部要以担当与作为精神践行"兴企有为",前提是能洞察大局、把握方向、与时俱进,展开来说就是要结合国有企业的功能和作用全面认识、理解本企业的历史使命与时代责任。只有掌握了历史使命与时代责任这一企业大方向,才能围绕企业发展战略的制定和实施,明确为何"为",探索如何"为",做到有何"为"。

2.1 百年大变局的时代背景

随着国际形势变动与世界不确定性的显著发展,全球步入了时代变革与历史机遇并存的重要时期。我国政府站在"两个一百年"奋斗目标的历史交汇点上,以"十三五"的供给侧改革为主线,提出了"十四五"期间构建以国内大循环为主体、国内国际双循环相互促进的新发展格局。在"创新、协调、绿色、开放、共享"的新发展理念指导下,党中央抓住变革机遇,对经济、产业提出了新的发展要求,勾勒出了2035年我国基本实现社会主义现代化的远景目标。

2.1.1 中国经济结构改革

1. 供给侧结构性改革的提出背景

当前全球经济环境发展态势处于低迷状态,经济进入长周期和新常态的状态。在国际经济面临困难的同时,我国经济也出现供给与需求矛盾日益突出、产能严重过剩等问题。我国自改革开放以来,依靠扩张性的需求刺激政策,特别是通过投资来拉动经济增长使中国经济总量急速扩张,但同样带来了中国经济增速逐渐放缓的结果。中国自2012年起,经济增速一直保持在7%左右,而2015年以后经济增速则一直在7%以下徘徊。中国原有的体制机制障碍导致生产要素市场无法有效配置经济资源,导致产业结构、收入分配结构、需求结构、产品结构等在内的经济结构出现问题。

在这种经济条件背景下,习近平总书记2015年在中央财经领导小组会议上首次提出了"供给侧结构性改革"概念。习近平总书记在会上指出:"在适度扩大总需求的同时,着力加强供给侧结构性改革,着力提高供给体系质量和效率,增强经济持续增长动力。"

2. 供给侧结构性改革提出的意义

供给侧结构性改革是用改革的办法进行中国的经济结构调整,减少无效和低端供给,扩大有效和中高端供给,通过结构调整提高全要素生产率。供给侧结构性改革的核心是通过提升供给质量和要素配置效率，促进经济发展质量变革、效率变革、动力变革及全要素生产率的提高。"供给侧结构性改革"概念的提出，是以习近平同志为核心的党中央基于国际国内经济运行现状，依据马克思主义思想的指导，结合经济新常态，尤其是国内产能过剩的问题，引领经济发展新常态的政策选择。对于新常态，习近平总书记在省部级主要领导干部学习贯彻党的十八届五中全会精神专题研讨班上指出："新常态下，我国经济发展的主要特点是：增长速度要从高速转向中高速，发展方式要从规模速度型转向质量效率型，经济结构调整要从增量扩能为主转向调整存量、做优增量并举，发展动力要从主要依靠资源和低成本劳动力等要素投入转向创新驱动。这些变化，是我国经济向形态更高级、分工更优化、结构更合理的阶段演进的必经过程。"新常态下，我们不但要坚持创新、协调、绿色、开放和共享的发展理念，还需要实现发展方式转变和经济结构调整，最终达到供需的动态平衡。而这种平衡的调整，需要我国经济从供给侧进行改革。对此，习近平总书记讲道："如果只是简单采取扩大需求的办法，不仅不能解决结构性失衡，反而会加剧产能过剩、抬高杠杆率和企业成本，加剧这种失衡。基于这个考虑，我们强调要从供给侧、结构性改革上想办法、定政策。"通过供给侧结构性改革可以长期地解决中国经济结构问题，推动经济变革、提升全要素生产率，更有利于贯彻创新驱动的发展理念，在全社会范围内推动技术创新、制度创新和模式创新。

"供给侧结构性改革"的提出,标志着我国宏观经济思想到达了新的高度,是我国经济发展的重大理论和实践创新。供给侧结构性改革对我国经济发展有着十分重要的作用,政府工作报告等重要文件将供给侧结构性改革作为经济改革的主要方向,党的十九大报告更是将其确立为建设现代化经济体系的主线。

3. "双循环"发展新格局

我国通过四十余年的改革开放,经济总量已位居世界第二,在全球经济增长中也有较高贡献,是世界经济发展的"引擎"。但同时,我国的经济结构正处于转型升级的关键期,国际社会由于受到新冠肺炎疫情的影响逆全球化现象泛滥,自由贸易受到严重阻碍,国内国际经济形势呈现出前所未有的复杂格局。在这种背景下,国家层面提出要继续深化供给侧结构性改革,充分发挥我国超大规模市场优势和内需潜力,构建国内国际"双循环"相互促进的新发展格局。

从国内经济循环和国际经济循环的量上看,我国已经具备了国内经济循环主导的基础条件:从生产供给角度看,我国具有最完整、规模最大的工业供应体系,是全世界唯一拥有联合国产业分类中全部工业门类的国家;从消费需求看,我国具有规模广阔、需求多样的国内消费市场,2019年的人均GDP达到了1万美元,中等收入群体规模全球最大。特别是,我国已经步入到工业化后期,产业链、供应链和消费市场形成了具有满足规模经济、集聚经济的要求，具备依靠国内经济循环为主的经济效率基础。面对未来发展，在国家层面会通过深化供给侧结构性改革、提高经济供给质量、挖掘国内巨大消费潜力来形成以国内经济循环为主、国内国际经济循环相互促进的新发展格局，打造出能够保障国内国际产业链、供应链、需求链循环，从而维护国际产业链、供应链的安全和稳定。

要正确认识"双循环"的新发展格局，必须要清楚国家提出的"双循环"是立足国内大循环主体、以国内大循环促进国际循环、国际国内大循环相互促进。我国的"双循环"发展格局，并非闭关锁国，也不是不重视国际循环，而是在更高开放水平的基础上形成以国内大循环为主、国内国际循环相互促进的新格局。并且，我国的"双循环"新格局更具有协同性和动态性，是围绕经济循环的系统动态的政策组合，将生产、流通、消费等多个环节进行有机整合的新格局。此外，"双循环"发展格局是一种综合性的经济发展战略，其目标要求是在原有战略发展格局的基础上进行战略创新和战略转型，拓展以前的比较优势，寻求适应新发展阶段和内外环境的新的经济发展优势基础。

从时代发展来看，"双循环"是推动我国高质量发展的重大战略部署，是我国经济健康持续发展的方向，需要统筹兼顾、协调推进。在新冠肺炎疫情的影响下，逆全球化日益严重，我国经济处于转型升级的"换挡期"，"十四五"建设面临着众多问题与困难。"双循环"的提出，为解决这些问题找到了有效的化解方法。从全球经济发展的角度看，中国经济的发展已经占据了世界产业链、供应链的核心地位，在世界经济萎靡不振的情况下，中国是率先实现经济发展正增长的国家。全球经济要复苏，是离不开中国经济的进一步发展的，构建"双循环"新格局能够激发我国国内需求的巨大潜力，实现国内市场与国际市场的互联互通，促进国内资源与国际资源的优势互补，推动国内循环与国际循环的良好互动，从而助推我国经济社会更高质量发展，为世界上其他国家实现高质量发展提供有益借鉴，从而推动整个世界经济快速复苏。

国内大循环主体、国际国内双循环相互促进的提出，构成了习近平新时代中国特色社会主义经济思想的主要内容之一，很好地延伸了习近平新时代中国特色社会主义经济思想中利用好国内国外两个市场、两种资源的理论，形成了基于经济循环流动的新的发展理论，进一步丰富了当代马克思主义政治经济学理论。

2.1.2 转变发展理念

随着我国经济不断高速增长，国民经济得到了积累，产业不断壮大，全社会开始步入新时代。面对当今百年未有之大变局，原有只追求高速增长经济状态已经无法满足日益复杂的发展环境，我国经济要向质量第一、效益优先的高质量发展进行转变，要努力提高全要素生产率。在这一背景下，中国共产党第十八届中央委员会第五次全体会议（简称十八届五中全会）上提出了具有战略性、纲领性、引领性的新的发展理念。全会强调："实现'十三五'时期发展目标，破解发展难题，厚植发展优势，必须牢固树立并切实贯彻创新、协调、绿色、开放、共享的发展理念。这是关系我国发展全局的一场深刻变革。全党同志要充分认识这场变革的重大现实意义和深远历史意义。"这一发展理念的提出，深刻揭示了实现更高质量、更有效率、更加公平的发展内涵，极大地丰富和发展了我党关于发展的理论创新，形成了中国特色社会主义理论体系的重要组成部分，指明了我国经济今后的发展思路与发展方向，是对我国各行业健康、良性发展的战略指引。

1. "创新"发展理念

十八届五中全会提出："坚持创新发展，必须把创新摆在国家发展全局的核心位置，不断推进理论创新、制度创新、科技创新、文化创新等各方面创新，让创新贯穿党和国家一切工作，让创新在全社会蔚然成风。必须把发展基点放在创新上，形成促进创新的体制架构，塑造更多依靠创新驱动、更多发挥先发优势的引领型发展。培育发展新动力，优化劳动力、资本、土地、技术、管理等要素配置。"在 2016 年，习近平总书记再次强调，在五大发展理念中，创新发展理念是方向、是钥匙，要瞄准世界科技前沿，全面提升自主创新能力，力争在基础科技领域做出大的创新、在关键核心技术领域取得大的突破。创新在我国经济转型升级的过程中是重要的驱动力量，通过理论创新可以将我们的认识提升到新的高度；通过制度创新可以更好地约束和激励企业运行；通过科技创新可以增强我国企业的核心竞争力；通过文化创新可以凝心聚力搞建设。

2. "协调"发展理念

关于"协调"发展理念，十八届五中全会提出："坚持协调发展，必须牢牢把握中国特色社会主义事业总体布局，正确处理发展中的重大关系，重点促进城乡区域协调发展，促进经济社会协调发展，促进新型工业化、信息化、城镇化、农业现代化同步发展，在增强国家硬实力的同时注重提升国家软实力，不断增强发展整体性。增强发展协调性，必须在协调发展中拓宽发展空间，在加强薄弱领域中增强发展后劲。推动区域协调发展，塑造要素有序自由流动、主体功能约束有效、基本公共服务均等、资源环境可承载的区域协调发展新格局。"可以看出，党中央提出的协调发展是一种全面的协调，是让企业持续健康发展的协调。既突出了要抓住发展中的重点工作的要求，又将各产业协调同步发展纳入进来；既考虑到了国家硬实力，又考虑到了国家软实力；既有对优势领域的关注，又有对薄弱环节的考虑。作为国有企业领导干部，在企业的发展过程中也应坚持"协调"的发展理念，梳理所在产业的状况和主业能力，整合人才、技术、资质等资源，以梯次结合的原则形成企业体系"协调"优势。

3. "绿色"发展理念

我国原有的经济发展方式是一味追求经济增长，无限制地攫取自然资源，破坏了生态环境。虽然在发展过程中，我国的经济发展取得了令人瞩目的成果，但从长远来看，这种粗放的经济发展方式过度消耗了现有资源并且造成了严重的环境污染问题，最终的结果是造成了我国经济受资源、能源和环境的约束越发严重。基于此，十八届五中全会提出："推动低碳循环发展，建设清洁低碳、安全高效的现代能源体系，实施近零碳排放区示范工程。全面节约和高效利用资源，树立节约集约循环利用的资源观，建立健全用能权、用水权、排污权、碳排放权初始分配制度，推动形成勤俭节约的社会风尚。"作为国有企业，应该在"绿色"发展理念上主动强化精益管理，进行节能、环保、绿色、安全等方面的技术改造，研发节能环保装置，提高社会能源管控水平。在生产过程中，应加强绿色生产和循环利用，构筑绿色生产体系，形成经济发展与环境保护的良性互动，促进我国经济走可持续发展的道路。

4. "开放"发展理念

在当前复杂的市场形势下，我国企业与世界经济的联系越来越密切，企业要发展、经济要进步就要顺应我国经济深度融入世界经济的趋势，主动参与到国际竞争中去。在竞争合作的过程中必须奉行互利共赢的开放战略，配合国家发展更高层次的开放型经济的政策，积极参与全球经济治理和公共产品供给，为提高我国在全球经济治理中的制度性话语权贡献力量。作为企业，开放是我们走出去的必由之路，而要想走得好就需要企业自身具备一定的技术优势、管理优势和品牌优势。企业还应该加强国际化合作交流，进行广泛的人才交流，配合国家"一带一路"倡议与"走出去"战略，形成与世界各国深度融合的互利合作格局，积极参与到国际行业标准和规则的制定中，以实际行动践行我国"开放"的发展理念。

5. "共享"发展理念

"共享"作为我国发展理念的出发点和落脚点，十八届五中全会提出："坚持共享发展，必须坚持发展为了人民、发展依靠人民、发展成果由人民共享，做出更有效的制度安排，使全体人民在共建共享发展中有更多获得感，增强发展动力，增进人民团结，朝着共同富裕方向稳步前进。"企业的全体参与者作为改革的动力，不但要参与到企业改革发展中，也要共享转型成果。企业应该积极主动地进行企业人才培养与培训，加强企业人才积累，打造更能参与市场竞争的创新型人才队伍。对企业员工除了要完善培养、引进、使用机制外，还应该着力解决人员激励问题，采用更为市场化的办法进行人员薪酬改革，让企业员工获得与劳动生产率同步提高的劳动报酬，注重员工安全与保障体系的建设。

发展作为党执政兴国的第一要务，是党完善领导经济社会发展工作体制机制的前提要求，与国有企业的发展息息相关，中央能源企业领导干部更应该统一思想、认清形势、坚定信心，以敢于担当、奋发有为的精神状态建设中国特色的社会主义国家。

2.1.3 经济高质量发展

经济增长动能不足问题，自 2008 年全球经济危机开始便影响着世界整体经济。全球经济发展呈现出较大的"不确定性"，国际货币基金组织和世界银行也对全球经济增长和稳定传达了担忧的信号，分别对 2019 年、2020 年的全球增长预期进行了下调。在世界经济环境不确定的前提下，我国经济还面临着外部贸易摩擦持续深化所带来的风险和挑战，我国经济增长、市场情绪、金融安全、产业发展空间等均受到不同程度的影响。我国经济总量通过不断奋斗得到了快速积累，但发展中的数量与质量之间的均衡矛盾也逐渐显现。资源和环境对经济增长的约束作用越来越大，单纯经济数量的增长已经无法满足我国经济发展的需求。习近平总书记在中国共产党第十九次全国代表大会所做的《决胜全面建成小康社会，夺取新时代中国特色社会主义伟大胜利》报告中指出："我国经济已由高速增长阶段转向高质量发展阶段，正处在转变发展方式、优化经济结构、转换增长动力的攻关期，建设现代化经济体系是跨越关口的迫切要求和我国发展的战略目标。"

1. 经济高质量发展的内涵

经济高质量发展是一个质变转型的过程，要能够满足多层次的需求，包括经济发展高质量、改革开放高质量、城乡建设高质量、生态环境高质量、人民生活高质量等内容。这需要经济运行更加有效且产业机构更为合理,企业产品和服务能达到更高的质量。对于如何做到经济高质量发展,首先要了解其丰富的内涵特征,理解其多维性和丰富性本质。

首先,经济高质量发展并非是孤立的经济以及物质财富的变化,而是经济、政治、文化、社会、生态各方面协调均衡发展,是经济效益、社会效益和生态效益的结合。其发展目标包括经济转型、结构调整、动力优化、风险可控、共同富裕及环境优化等,而衡量标准则需要考量经济发展的有效性、协调性、创新性、持续性、分享性等。

其次,经济高质量发展要以经济总量为基准,着力实现经济的高效率、优化结构、稳定和持续性发展。在转变增长方式、切换增长动力、提升发展效率、分享发展成果等方面,经济高质量发展是量与质相协调下的演进发展。

再次,经济高质量发展不仅仅是对宏观方面的要求,对微观层面也需要加强质量的发展。企业作为经济活动的基本单位,产品和服务的质量应具有符合性、适用性及满意性特征,要注重产品质量管理、质量监管、质量技术基础的条件是否满足市场需求。

最后,经济高质量发展还需要考虑到社会公平问题。对我国当前发展阶段,党的十九大报告中指出:"人民日益增长的美好生活需要和不平衡不充分的发展之间的矛盾",这一重大论断标志着未来较长一段时间我国经济社会发展的根本出发点。生态环境、民主法制、公平正义、安全稳定等都需要经济的高质量发展来满足。

2. 实现经济高质量发展的路径及策略

1）基于经济高质量发展的均衡性内涵，我国经济高质量发展将更多地运用创新、协调、绿色、开放、共享的新发展理念。通过创新来促进经济结构和发展方式的转型，实现新旧动能转换，夯实经济高质量发展的内生动力。通过协调发展来处理好发展中的重大关系，增强经济高质量发展的整体性。通过绿色发展创造经济高质量发展良好生态环境与可持续发展格局。通过开放来刺激我国经济的高质量发展，并将高质量发展的成果更多地推广到国际经济中，达到国内经济和国际经济更高度的融合。通过共享，将经济高质量发展的成果造福于人民，并让全体人民获得更多的参与感，同心协力促进经济的高质量发展。

2）现有经济体系将面临变化，经济高质量发展将打造更为现代化、高质量、高效率的经济体系。原有的经济增长体系将会被互联网、大数据与人工智能所颠覆，新业态、新模式、新技术、新产品将共同形成公平、统一、开放的市场。实体经济、科技创新、现代金融、人力资本、制度创新等方面的融合将构筑更为高质量的产业发展体系。

3）传统增长动能将向新的增长动能进行转变。要实现经济的高质量发展就必须更加注重全要素生产率的提高，要在经济发展的过程中进行土地要素升级、人才要素升级、资金要素升级和环境要素升级。在社会经济生活中,质量变革、效率变革、动力变革也将不可避免。

3. 国有企业的高质量发展

中国经济的高质量发展是整体社会经济的高质量发展,是中国特色社会主义进入新时代的重要特征,是对国有企业发展的新要求。作为国有企业领导干部,更应该注重创新驱动力、企业家精神等内在发展动力。在企业发展过程中,要进行更为前瞻的产业布局、产业链布局、国际化布局,要更加注重产品和服务质量,提高企业的抗风险能力、修复能力和可持续成长能力,以现代化的公司治理结构、市场化的资源配置、科学化的管理,提高企业效率,提升企业的全要素生产率与盈利能力,形成国有企业良好的社会声誉。

从国有企业现阶段发展来看,要实现高质量发展既有一定的基础,也存在一些问题。

首先从国有企业实现高质量发展的基础角度分析。我国的经济体制机制在不断地改革和完善,国家经济社会制度的发展为国有企业迈向高质量发展提供了必要的制度基础。具体来说,我国经济体制改革经历了"高度集中的计划经济"、"计划经济为主、市场调节为辅的经济"、"有计划的商品经济"、建立"社会主义市场经济体制",最后是党的十八大以来"加快完善社会主义市场经济体制",上升为社会主义基本经济制度这几个阶段。随着经济体制的变化,国有企业改革也不断向深水区推进,尤其是党的十八大以来,"1+N"政策体系的形成、十项改革试点的推进、"双百行动"的实施、区域性综合改革试验的全面启动,都推动国企建设不断取得新突破。此外,经过多年的发展与培育,我国国有企业整体规模和实力都有了较大增长,奠定了良好的国有企业经济基础。根据财政部发布的全国国有及国有控股企业经济运行情况显示,2019年全国国有及国有控股企业实现营业总收入为625520.5亿元,比2012年增长48%。2019年,共有76家国务院国资委监管中央企业(48家)和地方国有企业(28家)上榜《财富》世界500强,有14家国务院国资委监管中央企业和地方国有企业位列《财富》世界500强前100位。除了制度基础以及经济基础外,国有资本布局也为我国国有企业实现高质量发展提供了基础。我国国有资本布局早在20世纪90年代末便已开始,通过多年的战略性调整,国有企业的资本布局和结构都得到了有效的优化。2018年,国有及国有控股工业企业数量的44%、资产总额的54%集中于"电力、热力生产和供应业""煤炭开采和洗选业""石油和天然气开采业""石油、煤炭及其他燃料加工业""燃气生产和供应业""计算机、通信和其他电子设备制造业""铁路、船舶、航空航天和其他运输设备制造业"。而在对外投资上,我国国有企业加快了国际化步伐,截至2018年年底中央企业在185个国家和地区共有11028户境外单位,境外资产总额达到7.6万亿元。

从国有企业实现高质量发展的不足方面分析,国有企业发展由于思维僵化、路径依赖、能力刚性、制度缺陷和管理粗放等因素，体现出企业竞争力、创新力、抗风险能力不足，发展的内生动力、质量效率、外溢价值、社会声誉都需进一步提高。最为显著的盈利能力方面还比较薄弱，我国2019年上榜《财富》世界500强的76家国务院国资委监管中央企业和地方国有企业，平均利润不到17亿美元，平均销售收益率为2.5%，有10家企业出现亏损，而世界500强企业的平均利润达到43亿美元，平均销售收益率为6.6%。品牌价值和社会声誉也有待提高，根据Interbrand发布的《2019年全球最具价值品牌排行榜》和《财富》杂志发布的《2020年全球最受赞赏公司排行榜》，在50家"全球最受赞赏公司全明星榜"中，没有中国国有企业的身影。另一个需要国有企业领导干部重视的问题是，目前国有企业高质量发展的动力机制、生产效率、抗风险能力、国际化水平、外溢效应仍有不足，这些短板需尽快补足。同时，市场意识、公司治理、经营机制、管理水平等问题也是困扰国有企业领导干部实现企业高质量发展的瓶颈，都有待于进一步解决。国有企业存在的这些不足，将难以满足新时代、新形势、新环境的要求，无法打破思维惯式也就无法树立市场意识、竞争意识、创新意识，将对实现国有企业高质量发展造成阻碍。

通过对国有企业实现高质量发展的基础与不足进行对比可以发现，真正实现高质量发展的国有企业应该是能够实现高效发展的企业，也就是说能够科学合理地进行资源配置，运用先进的生产技术和模式来提升企业生产效率，在法人治理、科学管理、制度流程等方面形成科学合理的体系，从而对外可以提供一流的产品或服务。在企业运营的过程中，能够注重绿色与可持续发展，重视科技创新形成核心竞争力。同时，高质量发展的国有企业也要积极获取市场认可、进行品牌建设，逐步形成自有的品牌价值与社会声誉，具有广泛的社会影响力。

在建设高质量发展国有企业方面，国有企业领导干部可以从企业家精神方面进行培养，增强领导干部的策动性、引领性功能，激发领导干部的干劲。此外，员工的素质能力、心智模式、积极性、创造性方面的探索也必不可少，运用市场化劳动用工和收入分配机制，激发员工的积极性和创造性。在组织层面，国有企业领导干部更应注重企业的创新管理理念、管理方式、管理流程、管理方法、管理工具等管理体系的建设，以科学管理来保证企业的健康运行。在发展理念上，"创新、协调、绿色、开放、共享"更应该作为国有企业高质量发展的重要指引，以创新作为高质量发展的动力源，推动企业向行业制高点进发；用协调来防范国有企业高质量发展中可能出现的风险，促进企业的可持续发展；用"绿色"来调整资源和资本的配置，成为资源节约型、环境友好型的高质量发展企业；以开放强化全球思维与国际视野，形成具有国际竞争力的高质量发展企业；以共享来消除企业竞争壁垒，创造共享价值，分享高质量发展带来的成果。

2.1.4　产业基础高级化和产业链现代化

2019 年 8 月 26 日，中共中央总书记、国家主席、中央军委主席、中央财经委员会主任习近平主持召开了中央财经委员会第五次会议，研究推动形成优势互补高质量发展的区域经济布局问题、提升产业基础能力和产业链水平问题。习近平总书记在会上发表重要讲话强调，要根据各地区的条件，走合理分工、优化发展的路子，落实主体功能区战略，完善空间治理，形成优势互补、高质量发展的区域经济布局。要充分发挥集中力量办大事的制度优势和超大规模的市场优势，打好产业基础高级化、产业链现代化的攻坚战。这是中央从发展的长远战略角度，对我国产业发展做出的重大部署，具有十分重要的战略意义。

1. 产业基础高级化、产业链现代化的内在含义

产业基础高级化首先要了解产业基础能力。一般来说，产业基础能力主要包括产业发展所需的基础关键技术、先进基础工艺、核心基础零部件、关键基础材料、基础软件和基础动力等"六基"。产业基础能力无论对产业发展质量、发展潜力和可持续性，还是对产业链、价值链的控制都具有决定性影响。随着互联网、大数据和人工智能的发展，原有产业基础已经很难满足产业发展的需求，所以产业基础高级化就是对原有的产业基础进行提升。更进一步来讲，产业基础高级化应该是产业基础能力高度化、产业基础结构合理化和产业基础质量巩固化的统一。其中，

能力高度化意味着建立和实现全流程、全要素、高技术、高效益、高保障产业体系的过程;结构合理化意味着产业内和产业间以及底层结构要素间呈现关系协调、比例恰当、技术集约、组织顺畅和运转安全的动态优化、适配过程;质量巩固化意味着生产活动中要素效率和组织效率以及所提供的产品和服务附加值稳定提高的过程。产业基础高级化是中央的新提法,是在当前中国经济向高质量发展转型的背景下,对产业基础能力、产业基础结构和产业基础质量发展方向的判断。

产业链现代化是产业现代化内涵的延伸、细化,其实质是用当代科学技术和先进产业组织方式武装、改造产业链,使产业链具备高端链接能力、自主可控能力和领先于全球市场的竞争力水平。从产业链维度看,产业链现代化体现在价值链各环节的价值增值、企业链上下游分工的有序协同、供需链连接性的效率与安全均衡、空间链区域布局的集聚与扩散协调。从产业链运转形式看,产业链现代化体现在产业链韧性、产业链协同和产业链网络化3个方面。产业链韧性是指通过企业链中纵向、横向各类企业的转型升级,不断提高整个产业链的技术经济水平,或重构产业链,使其得以在高端方向适应更广阔的市场范围、应对更复杂的市场不确定性。产业链协同指通过价值链、企业链、供需链和空间链的优化配置和提升,使产业链在纵向上下游各环节和横向多种功能互补间实现效率提升和成本优化。产业链网络化是指产业关联形态从线性链条式向立体网络式转变的高级化过程,即产业链向产业网转化。产业网内同类和不同类产业组织之间形成交错、多维、泛连的立体网络结构,将不同主体组织所拥有的互补资源、知识和能力整合起来,一方面,通过协同效应和融合效应大大提高产业组织绩效,将外部交易成本内部化和最小化,从而降低产品和服务的单位成本;另一方面,无论是产业网内的节点组织还是产业网本身,都具备了相当程度的柔性和适应性。

产业基础高级化、产业链现代化都是动态的、与时俱进的概念,既是与当今世界科学技术革命和产业变革大格局相呼应的产业持续升级和进化过程,也是与新时代中国产业体系迈上新台阶、跨入新阶段要求相适应的产业不断完善和优化的过程。这一说法的提出与供给侧结构性改革的目标和要求高度一致,与经济高质量发展的动能转换和质量提高的目标和要求高度一致。产业基础高级化、产业链现代化是我国积极应对世界经济不确定性、国际经贸摩擦以及经济下行压力,摆脱经济高质量发展困境的正确方针和现实需要,也是长期坚持实施创新驱动发展战略、做大做强实体经济、持续增强经济内生发展动力的客观要求和必然选择。

2. 产业基础高级化、产业链现代化的作用

1)产业基础高级化、产业链现代化能够为我国经济高质量发展提供有力的支撑作用。我国经济的高质量发展需要强有力的内在动力驱动,而产业基础高级化、产业链现代化可以从内部驱动产业更加灵活地适应市场,创造更强有力的经济竞争力,通过

产业链、技术链、资金链、人才链的深度链接为我国经济高质量发展提供支撑。

2）为实体经济的发展创造更为有利的环境。在推动产业基础高级化、产业链现代化的过程中，需要充分调动科技创新、现代金融、人力资源等要素的积极作用，这将为实体经济提供良好的发展空间与资源补充。

3）增强产业链韧性。中央财经委员会第五次会议强调，要实施产业基础再造工程，做好顶层设计，明确工程重点，分类组织实施，增强自主能力。要打造具有战略性和全局性的产业链，围绕"巩固、增强、提升、畅通"八字方针，支持上下游企业加强产业协同和技术合作攻关，增强产业链韧性，提升产业链水平，在开放合作中形成具有更强创新力、更高附加值的产业链。通过产业基础高级化、产业链现代化可以增强我国产业调整和应变的能力以及未来的发展潜力，构筑产业竞争优势。

4）提高产业链创新力和竞争力。中央财经委员会第五次会议指出，我国制造业规模居全球首位，是全世界唯一拥有全部工业门类的国家。在这种良好的产业基础上，我国推行产业基础高级化、产业链现代化将更有助于提升产业链的创新能力和市场竞争力。

3. 推进产业基础高级化、产业链现代化的思路

1）提升创新能力，增加产业附加值，多要素融合。推进产业基础高级化、产业链现代化，需要不断进行创新，将数字化、

网络化、智能化更多地应用到产业基础以及产业链中。围绕产业基础能力的薄弱环节，整合资源集中解决核心问题，发展自有核心技术，增加附加值。实现科技创新、现代金融、人力资源等要素的深度协同与融合。

2）发扬企业家精神和工匠精神。中央财经委员会第五次会议指出，以企业和企业家为主体，以政策协同为保障，坚持应用牵引、问题导向，坚持政府引导和市场机制相结合，坚持独立自主和开放合作相促进，打好产业基础高级化、产业链现代化的攻坚战。作为推进产业基础高级化、产业链现代化的主体，首先要在精神层面上能够满足发展的需要，要具有爱国敬业、遵纪守法、艰苦奋斗的精神，能够自觉履行责任、专注品质、追求卓越，在创新发展中服务社会。

3）营造更为有利的市场环境。一个公平、有序、低成本、有竞争力的营商环境将更有利于推进产业基础高级化、产业链现代化，宏观层面的引导和统筹将更有利于企业向产业高端方向发展并建立现代化的产业链。

4）国际化交流，将助推我国产业基础高级化、产业链现代化。通过国家化的交流与发展，可以在交互过程中弥补劣势、发挥优势，促进产业的高质量发展。而中国"一带一路"倡议和建设人类命运共同体的主张不但符合全球发展大势，也将为产业基础高级化、产业链现代化的国际交流创造有益条件。

2.1.5 全球能源革命

当今经济社会环境复杂多变,中国正处于百年大变局之中,能源领域的中央国有企业作为国民经济的重要支柱,以社会稳定和经济发展为主要目标,在关系国家安全和国民经济命脉的能源行业和领域占据支配地位,并肩负着建设世界一流能源企业的重任。要全面贯彻落实党中央、国务院的决策和重大战略部署,我国的能源企业,尤其是国有能源企业需具备全球视野和战略眼光,掌握规律,审时度势,把握大局,确定和实施正确的发展战略,推动企业健康、高效、快速成长。

人类以能源为生存和发展的物质基础推动社会文明的进步,在人类历史中能源扮演着重要的角色。能源的合理开发和可持续发展对世界经济和人类社会发展有着非常重要的意义。能源保障与国家安全和发展息息相关,以化石能源为主的能源体系极大地推动了经济、社会发展。但由于全球现有能源分布不均,能源安全引发的国际冲突不断,资源开发日渐萎缩,环境污染问题日益突出,一场全球性的第三次能源革命正在悄然发生。

1. 两次全球能源革命过程

在全球能源历史上,已经发生过两次能源革命。第一次全球能源革命发生在19世纪中叶,典型标志是主要能源从木材转变为煤炭。在19世纪中叶以前,由于木材易获取并且易燃烧的特性,木材作为当时主要的能源来满足人类生存需求。随着第一次科技革命的发展,在19世纪80年代煤炭取代木材成为主要能源,完成了第一次全球能源革命。伴随着第二次科技革命,钻井、炼化等技术助推20世纪中叶发生的第二次全球能源革命,使石油和天然气资源的应用得到广泛推广。第二次全球能源革命的标志是:1965年油气在能源消费结构中的比重超过50%,实现了石油取代煤炭成为世界能源的主导。不难看出,能源革命是因能源技术创新而导致的生产与消费的变化,并且两次能源革命都导致了能源转型,也就是能源品种发生了替代,能源消费结构产生了根本性变化。

2. 第三次全球能源革命

随着社会经济的发展、科学技术的进步,当前正在发生又一次全球能源革命。绿色环保、可持续发展、具备较高能效的能源需求也随同新的科技革命推动这次全球能源革命走向深入。

(1) 全球能源现状

从能源储量上来看,全球传统能源储量相对稳定,全球煤炭至少还可采143年、石油天然气可采50年。尽管短期内化石能源较为丰富,但能源消费结构将出现比较明显的变化,能源消费将从低效使用转向高效使用。从能源消费结构数据上明显体现出能源消费转型已经开始。在全球一次能源消费结构中,天然气和新能源消费占比总计39%,而石油的占比为33%,这说明以美国的页岩气革命为代表的能源转型,极大地提高了非常规石油和天然气的产量,未来石油的份额将继续下降,而天然气及新能源的份额则稳步上升。从能源需求看,全球能源需求将持续增长,2017—2040年全球能源消耗或将增长30%。[一]由于发达经济体已经表现出经济增长与能源消费脱钩的趋势,未来的能源需求的增长将主要由新兴经济体和发展中国家强劲的经济增长驱动。

在技术层面上,新的科学技术将更为深远地影响全球能源革命。现有的光伏技术、智能电网技术、区块链技术、页岩气技术、陆海风电技术、碳捕集和存储技术、电池储存和非常规燃料提取技术等,都将在不同方面极大地影响能源成本和传输方式,通过技术的进步将进一步改变市场供求关系,全球能源格局也会随技术的成熟而改变。同时,随着传统能源的消耗,人类生存空间受到了极大的破坏,全球温室气体排放量的三分之二是由能源系统产生的,面对这种局面,新能源与可再生能源越来越被大家所关注。在新能源投资上,2017年全球新能源投资总额达3335亿美元,接近4080亿美元石油工业上游业务投资规模,其中太阳能和风能投资占比超过75%。[二]

(2) 全球能源革命发展趋势

在此基础上,未来全球能源革命的发展方向将是一个传统能源逐渐减少,新能源和可再生能源比例大幅上升的替代过程。实现能源转型的要求将会是低碳,而要实现低碳需采用两种方式:

[一] 见田慧芳的《新一轮全球能源革命态势与中国应对》。
[二] 见邹才能、潘松圻、党刘栓的《论能源革命与科技使命》。

第一种方式就是提高现有能源能效，减少化石能源消费量，也就是直接减排；第二种方式是发展低碳能源和零碳能源，进行间接减排。在替代过程中，煤炭、石油、天然气等能源消费将会以不同比例依次减少，天然气因其比煤炭、石油更为清洁，将在很长一段时间内助力能源转型。尤其是美国页岩气革命，刺激天然气产量和消费增加，2014年美国页岩气产量达到了3800亿方，未来20—30年年均增长有望超过1.6%。㊀天然气的成本大大低于燃料油，在成本刺激下市场需求不断扩大，天然气贸易量大幅增加。根据IEA的预测及国网能源院的分析，到2050年，天然气将满足约三分之一的新增能源需求，石油和煤炭共同满足三分之一新增能源需求，另外三分之一由可再生能源满足。同时，能源效率将变得更加重要，市场替代过程也将首先在低效率领域展开，创新的能源消耗管理将具有更为广阔的市场。未来全球新增电力的60%将是可再生能源发电，尤其是太阳能光伏和风电㊁。未来的能源市场将是清洁化、智能化、全球化的能源市场，这将为企业和消费者带来更为便捷和环保的能源消费体验。不过，随着能源的网络化应用，电网等能源基础设施将面临网络攻击等方面的安全问题，这将是未来能源发展过程中必须重视和解决的问题。

㊀ 见丁全利的《走向能源变革新时代》。田慧芳的《新一轮全球能源革命态势与中国应对》。

㊁ 见田慧芳的《新一轮全球能源革命态势与中国应对》。国网能源研究院有限公司《全球能源分析与展望（2019）》。

3. 我国能源革命情况

(1) 国家高度重视能源革命

我国作为最大的能源消费国、最大的煤炭消费国、最大的碳排放国，党中央对能源问题一直高度关注，并积极参与全球能源治理、着力解决能源问题、促进全球能源革命。2014年6月习近平总书记在中央财经领导小组第六次会议上发表重要讲话，鲜明提出推动能源消费革命、能源供给革命、能源技术革命、能源体制革命和全方位加强国际合作等重大战略思想，为我国能源发展改革进一步指明了方向。2016年12月29日，国家发展改革委和国家能源局联合印发《能源生产和消费革命战略（2016—2030）》。在党的十九大报告中，习近平总书记再次指出："推进能源生产和消费革命，构建清洁低碳、安全高效的能源体系"。可见，党中央对能源改革发展的高度重视。

(2) 我国能源革命优势

近年来，我国能源结构在产业政策、技术变革和成本的推动下，已开始呈现低碳化、清洁化态势。在"十二五"期间，我国油气资源勘查开采取得了明显成效，相继探明了11个亿吨级油田和15个千亿方级气田[一]，探明储量继续保持高位增长，非常规天然气发展快速，页岩气逐步成为天然气的重要补充，油气并举的格局初步显现。根据"十三五"规划，中国能源消费未来增量

[一] 见丁全利的《走向能源变革新时代》。

的68%将来自非化石能源和天然气。在清洁能源方面,中国已经连续五年成为可再生能源的最大投资国,每年投资额超过1000亿美元。截至2017年,风电、光伏发电、半导体照明产业均为世界第一。㊀随着技术更新、投资加大,我国在可再生能源价值链上越发具有比较优势。

(3) 我国能源革命面临的挑战

中国能源革命虽然具备一定的优势和有利条件,但也有能源革命突出的必要性、复杂性和艰巨性。

①中国能源结构仍以煤炭为主,经济发展对煤炭高度依赖。我国资源禀赋是"富煤但油气不足",能源结构为煤炭占59%、石油占19%、天然气占8%、新能源占14%。㊁②新旧能源系统发展方式长期并存,经济增长与能源消费尚未明显脱钩。③新型能源的核心技术仍依赖于发达国家,自有创新不足,尤其是大型风力设备制造、燃料电池设备、太阳能光电池设备和生物质能技术。④在国际能源合作中需进一步增强国家软实力,争取更多的能源革命话语权。⑤在能源转型期,如何选择恰当的、符合本国国情的过渡能源。

(4) 我国能源革命未来的发展方向

面对我国能源系统中的有利以及不利方面,我国能源革命未

㊀ 见田慧芳的《新一轮全球能源革命态势与中国应对》。
㊁ 见邹才能、潘松圻、党刘栓的《论能源革命与科技使命》。

来应注意以下几个方面：①把握现行国家政策，贯彻党中央能源消费革命、能源供给革命、能源技术革命、能源体制革命和全方位加强国际合作的要求。②加快我国石油工业由常规油气向非常规油气发展，改善现有能源结构。③充分发挥社会文明发展和科学技术进步这两大动力，提高能源发展质量。④不断创新，推进国际能源合作，增强国际话语权。⑤合理利用民营资本与国有资本力量，增加能源投资活力。⑥对能源安全做好监控与预防，保障国家能源安全。

中央能源企业目前在国家能源领域有着举足轻重的地位，中央能源企业的建设与发展对我国应对全球能源革命、保障国家能源安全和引领能源行业发展方向具有十分重要的意义。因此，作为中央能源企业的领导干部，务必要把握全球能源革命的契机，理清方向，战略引领，顺势而为，齐心协力，按照中央企业总体发展战略提出的目标，培育具有全球竞争力的世界一流企业。

2.2 发展与改革背景下的国有企业

在百年大变局的背景之下，我国能源变革、发展理念、产业结构、经济发展质量、产业能力都有了新的要求和变化，而在这些要求之下，国有企业作为国民经济的支柱力量也面临着改革与发展的问题。国有企业既要全面贯彻落实党和国家在能源领域的战略意图，又要积极推进国有企业的改革和发展，还承担着做出具有全球竞争力的世界一流企业示范的历史使命。

2.2.1 聚焦国家战略

为了增强国有企业活力,维护国有企业在市场中的有利地位,党中央在国家层面上提出了很多适时应务的战略方向。国有企业作为中国经济的骨干力量,应紧跟国家步伐,领会中央精神,聚焦国家战略,成为践行国家战略的排头兵、引领者。

首先,要更好地坚持党的领导。我国国有企业有着庞大的党和人民基础,在我国国有企业中有近80万个党组织、1000多万名党员、4000多万名在岗职工。显而易见,国有企业的发展必须有一个强大的方向指引,才能在健康正确的道路上奋勇前行。国有企业只有在党的领导下,才知道发展之路该往哪走、该如何走、该如何走好,这是方向问题。只有方向对了,路才能对,国有企业才能成为我们党执政最坚定、最可靠的基础。"听党话、跟党走",这是由中央能源企业作为党领导下的国有企业性质所决定的。习近平总书记指出:国有企业应当成为党和国家最可信赖的依靠力量,成为坚决贯彻执行党中央决策部署的重要力量,成为贯彻新发展理念、全面深化改革的重要力量。

国企承载了党和国家的寄托与期盼,要在党的领导下将企业发展推向更有活力、更有竞争力的新阶段,要成为听指挥、拉得出、冲得上、打得赢的国有企业,要成为能够带领能源领域百万名职工打造世界一流企业的国有企业。

其次,还需积极响应国家号召,深刻领会并服务于国家战略。按照经济高质量发展要求,国有企业的功能定位更加明确,可以更好地服务于国家战略与服务于民生目标,在创新型国家建设、"一带一路"建设、制造强国战略等国家重大战略中发挥关键作用;国有资本绝大部分集中于提供公共服务,发展重要前瞻性、战略性产业,保护生态环境,支持科技进步,保障国家安全等真正关系到国家安全、国民经济命脉的关键领域以及公益性行业的优势企业。国有企业通过实施"走出去"战略、"一带一路"建设战略,将极大地提升我国国力,并且可以将自身优势最大化,推动人类命运共同体的实践。在共同应对气候变化、促进人类与自然的和谐相处方面,我国宣布"2030年前中国要碳达峰,2060年实现碳中和"。这一战略的提出,将进一步推进我国能源革命进程,清洁能源、可再生能源的开发也将成为我国新的经济发展趋势之一。国有企业在能源经济转型方面更应起到引领性作用,积极进行产业结构、能源结构的调整和升级,服务于国家绿色发展战略的大局。

能源革命提供了新的市场空间和业务发展方向,国家新的发展理念为国企提供了产业布局思路,供给侧结构化改革为国企产品及业务升级转型提供了出路,经济高质量发展为国企的产业质量提出了要求,产业基础高级化、产业链现代化为国企发展提供了路径。

国有企业领导干部要不忘初心,把握方向,时刻牢记坚持党的领导；要勇于担当，奋力作为，聚焦国家战略的贯彻实施；要牢记使命，善于引领，做新时代中国特色社会主义事业的优秀建设者。中央能源企业需要在国家战略的引导下，实现企业的可持续发展，履行社会责任，提升企业价值。

2.2.2 能源体制革命

在新中国发展历史上，为能够与经济社会发展相适应，我国能源行业进行了多轮次体制革命。随着中国特色社会主义进入新时代，能源行业的发展目标和模式都产生了深刻的变化。面对能源供需格局新变化、国际能源发展新趋势，保障国家能源安全，必须推动能源生产和消费革命。为此，中央确定了"四个革命、一个合作"的能源安全新战略㊀，引领我国能源行业发展进入新时代。实践证明，"四个革命、一个合作"的能源安全新战略，从全局和战略的高度指明了保障我国能源安全、推动我国能源事业高质量发展的方向和路径。而在能源革命的四项内容中，能源体制革命是先行条件和制度保障。

㊀ 由习近平总书记于2014年6月13日在中央财经领导小组第六次会议上提出。四个革命：推动能源消费革命，抑制不合理能源消费；推动能源供给革命，建立多元供应体系；推动能源技术革命，带动产业升级；推动能源体制革命，打通能源发展快车道。一个合作：全方位加强国际合作，实现开放条件下能源安全。

1. 目前我国能源体制革命的进展

对于能源体制革命,我国已经初步构建了有效竞争的能源市场结构和市场体系。政府不断向能源公共服务进行转型,在能源市场资源配置中更多地发挥着监督管理和保障市场秩序的作用,在保证能源系统效率的同时也兼顾公平。通过逐步放开竞争环节,引入了更多元的投资主体参与竞争,有序地组建相对独立的交易机构进行能源市场交易。

并且,我国能源体制革命已经逐步建立了市场决定价格的能源价格机制。能源价格对实体经济运行和民生保障具有重要的影响,三者之间有非常紧密的联系,能源价格的波动影响会随产业链的延伸进行传导。当前我国能源市场发现价格、形成价格的功能正在不断增强,大部分商品和服务的价格都是由市场决定的。国家按照"准许成本加合理收益"的原则,调整电网和天然气管网的输配价格。

同时,我国的能源治理能力也在优化能源管理过程中得到了增强。原有的能源治理方式更加注重审批的管控,但通过提高能源宏观管理工作的全局性、前瞻性,能源治理方式初步实现了重战略、规划、政策、标准、监管、服务的转变。能源方面的简政放权共计取消下放事项比例达到了72%。

为了能够为能源发展提供更为有利的法律制度保障,国家积极推动搭建了以《能源法》为基础,以《煤炭法》、《电力法》等为主干,以能源行政法规、部门规章、地方性法规和地方政府规章为配套和补充的能源法律体系。在能源法律案件的执法过程中，更加注重执法监督与规范的办案流程。

2. 我国能源体制革命发展方向

1）继续加快能源法制体系建设，加强对行政权力的制约和监督，深入推进依法行政。推进不同层级能源管理和监管机构职能、权限、程序、责任法定化。健全能源依法科学决策机制，建立重大能源决策责任追究及责任倒查机制。建立更为完善的能源标准和技术规范体系。

2）加快转变政府管理方式，建立健全能源管理和监管体系。继续加大"放管服"改革力度，完善能源监管机构，推动"政监分离"改革，逐步取消能源领域竞争性环节的项目审批。

3）能源市场机构和市场体系将重新完善及建立，国有能源企业将通过混合所有制改革、建立现代企业制度、组建国有资本投资运营公司的方式进行改革创新。民营企业将更多地进入能源竞争领域，逐步形成现货和期货有机衔接的电力、油气、煤炭市场交易机制，进一步提高能源商品市场化交易水平；加快公开透明、功能完善的能源交易平台建设。

4）能源价格形成机制将进一步完善，能源财税支持政策体系将逐步建立。按照"管住中间，放开两头"的原则，能源竞争性环节的价格将进一步被放开，市场决定价格的作用将会越来越大。

在能源体制革命的推动下，能源格局将发生变化，中央能源企业将面临更为激烈的市场竞争,原有的一些优势将会消失。然而作为能源开发与供给的国家队,中央能源企业要直面差距、深化认识、明确方向,深入贯彻落实能源安全新战略,不断强化推动新时代能源领域高质量发展的使命担当,为实现"两个一百年"奋斗目标、实现中华民族伟大复兴的中国梦提供更加坚实的能源保障。

2.2.3 混合所有制改革

国有企业改革一直以来都是我国经济体制改革的重心。当前要从战略高度认识新时代深化国有企业改革的中心地位,在实施"国企改革双百行动"的同时,突出抓好混合所有制改革。2013年《中共中央关于全面深化改革若干重大问题的决定》指出要积极发展混合所有制经济。2015年国务院发布《关于深化国有企业改革的指导意见》对国有企业进行分类,指出按照性质和功能不同,国有企业被划分为公益类和商业类,为混合所有制改革提供基础。在党的十九大报告中,习近平总书记明确提出"深化国有企业改革,发展混合所有制经济,培育具有全球竞争力的世界一流企业"的目标。

1. 混合所有制改革的定义、作用和意义

混合所有制改革是指以市场机制为原则,以保护产权、维护契约、统一市场、平等交换、公平竞争、有效监督为导向,通过国有及国有控股企业引入集体资本、非公资本、外资等各类资

本,实现企业产权层面的多元化、制衡化,并进一步健全完善企业内部治理和运行机制,使企业成为真正的市场主体,不断增强活力和竞争力。㊀

混合所有制改革的出发点是推动我国经济良性发展,放大国有资本功能、提高国有资本竞争力、拓展民营资本发展空间,实现多种所有制经济相互促进、共同发展、共同繁荣。混合所有制改革将有利于国有企业引入优质人才,活跃市场经济。通过完善企业法人治理结构,推动国有资本与非公有制资本融合发展,促进国有企业适应当前的市场环境,提高国有企业经营效率。

2. 混合所有制改革的进展和存在的问题

2018年,我国中央企业二级子企业的混合所有制占比超过50%,已经开展混合所有制改革的企业户数占比68.9%,超过2/3的中央企业引进了各类社会资本㊁。目前,重点行业领域三批共50家国有企业混合所有制改革试点扎实推进,第四批共160家企业名单于2019年5月公布。其中,中央企业系统107家,地方企业53家。

由于混合所有制改革涉及公司治理、资本引入、激励机制等方面内容,在改革过程中也暴露出许多问题。

㊀ 王丹. 推动混合所有制经济走深走实的思路与建议. 宏观经济管理, 2019.9.45-50+58。
㊁ 袁惊柱. 国有企业混合所有制改革的现状、问题及对策建议. 北京行政学院学报, 2019.1.71-78。

(1) 对混合所有制改革概念不清

首先存在着对混合所有制、混合所有制经济和混合经济分辨不清的问题。混合所有制是指在微观层面上对不同类别生产资料所有制的混合,包括公有制与私有制的混合、国家所有与集体所有的混合;混合所有制经济是宏观层面上的,它是指国家所有、集体所有、非公所有的生产资料所有制成分,至少两种组合在一起的经济制度,表现形式主要有交叉持股、股份制、上市,其发展而成的微观形态是混合所有制企业;混合经济是以西方国家私人经济为主的市场经济加入了国家干预调控,而我国的混合所有制经济是从公有制发展而来的,以公有制为主体、其他所有制共同发展的经济制度。

其次,对混合所有制改革的定位不够准确、重点不够清晰。混合所有制改革,主要解决体制机制上的矛盾,技术瓶颈、市场开拓、内部管理等问题仍需要企业发挥自身能力去解决,而不是仅靠体制机制的变化去解决。混合所有制改革后的企业将面临更多的市场化经营,经营理念、战略方向、管理思路都需要融合,股权结构只能作为优化改善企业的决策机制和治理结构的基础。

(2) 混合所有制改革的落实层面存在问题

1) 国有企业未能实现真正的权利共享,民营企业介入困难。在部分领域国有企业处于暂时的优势地位,存在不愿引入民营企业或让民营企业仅做财务投资人的情况。在这种情况下,民营企业缺少相应的话语权,造成同股不同权的现象。另外,国有企业参与混合所有制改革的资产一般都是非优质资产,盈利性不强,很难吸引民营企业参与到混合所有制改革中。

2)避责心理导致规避混合所有制改革。目前尚缺乏对民营企业以及参与混合所有制改革的国有企业的权责利方面的法律或制度保护,从部分国有企业管理层到部分地方政府都会存在"国有资产流失"的担忧,这导致了混合所有制改革将会遇到延缓推进速度或部分执行不利的情况。

3)混合所有制改革存在隐性壁垒。参与混合所有制改革的项目目前虽然没有设置对民营企业的门槛限制,但技术实力、资金规模、行业项目运营经验等附加条件都成了民营企业进入的隐性壁垒。

4)改革缺乏相应的后续支持。由于混合所有制改革后,企业的身份有了转变,在产业孵化、优势产业扶植、要素使用等方面难以得到政府支持,金融机构在融资门槛上也存在要求更多、价格更高、条件更严的情况。

5)经营理念与激励机制未能有效融合。在混合所有制改革中,由于民营企业和国有企业的经营理念及市场竞争观念存在差异,导致选聘人才、薪酬激励方案、重大投资决策等方面都存在着矛盾与冲突。

3. 混合所有制改革的方向

1)经济布局将进一步调整,国有经济将更加突出主业,将力量集中在关乎国计民生和国家经济命脉的范围内,进一步发挥国有经济的规模经济优势和专业优势,提高国有企业的上下游协同优势。相应的混合所有制改革的容错机制以及规则制定将更为详细,从制度的角度为混合所有制改革创造条件。

2)企业管理结构将进一步优化,决策机制和责任机制将进一步透明化、科学化、合理化。产权流转将进一步扩大,并会形成更具有秩序性的产权市场。国有企业在社会经济中将更多地去除冗余"社会性负担",国有企业将在合理范围内承担企业社会责任,企业内部管理将进一步放宽。

3)民营经济将进一步活跃,"市场准入负面清单制度"的建立和实施将刺激民营企业更多地进入非限制性领域,市场化、效率化程度将进一步加强。

2.2.4 培育世界一流企业

党的十九大报告指出中国特色社会主义进入新时代,中国经济已由高速增长阶段转向高质量发展阶段,要努力在提升国有经济发展质量上狠下功夫,明确提出要"培育具有全球竞争力的世界一流企业"。创建和培育世界一流企业,是习近平新时代中国特色社会主义经济思想的重要组成部分,是推动我国经济高质量发展的重要组成部分,也是中央企业提高政治站位、承担更大责任使命的必然要求。创建世界一流企业,既是国家战略,也是企业目标,体现了国家和企业高度的战略自信及战略自觉。

1. 世界一流企业的特征

"具有全球竞争力的世界一流企业"是一个完整的概念,国务院国资委提出的"三个三"很好地体现了其核心内涵。[○]世界一流,是要达到世界同行业的领军、领先水平,业界公认,视为典范;具有全球竞争力,是要参与到全球竞争当中,拥有全球竞争的优势并且能够赢得竞争;要能可持续,经得住时间检验,而不是昙花一现。具有全球竞争力的世界一流企业,是要能够在全球范围内的竞争中引领行业技术、拥有自主创新能力、主导资源配置和商业模式发展、实现价值创造与社会责任效益的优秀企业、标杆企业,甚至是领袖级企业。

1)规模特征:一般来说,世界一流企业都需要具有一定的规模,通常都是同行业的全球第一阵营,销售额进入该行业全球排名前十甚至是前五。在2019年《财富》世界500强的榜单中,中国企业上榜数量从上一年的120家增至129家,首次超越美国的121家。我国新上榜企业13家,占新上榜企业的52%,说明

㊀ 2019年1月国务院国资委发出《关于中央企业创建世界一流示范企业有关事项的通知》征求意见稿,对央企创建世界一流示范企业做出具体安排,提出"三个领军""三个领先""三个典范"(简称"三个三")的基本指引。即引领全球行业技术发展、在全球资源配置中占主导地位、在全球产业发展中具有话语权和影响力的领军企业,在效率、效益和产品服务品质等方面的领先企业,在践行新发展理念、守法重信、履行社会责任等方面拥有全球知名品牌形象的典范企业。

我国建设世界一流企业的趋势良好。[一]

2）效率特征：世界一流企业需要具备高效使用生产要素、满足市场需求的能力，要能够获得较高的单位要素产出回报。一般来说，效率特征用资产回报率和劳动回报率两项指标来度量。但目前我国企业的资产回报率和劳动回报率都处于较低水平，世界500强中的中国企业的这两项指标均低于世界500强企业的平均水平。

3）创新特征：创新特征体现了企业的发展潜力，世界一流企业需要通过创新来保持和提升企业未来的规模与效率。创新特征的衡量指标一般会用研发投入占销售收入的比重来度量。总体来看，我国企业在研发方面的投入偏少，一方面是投资资金，另一方面是投入的企业数量。

2. 如何创建和培育世界一流企业

从世界一流企业的特征及我国目前的情况可知，我国企业在规模上较其他国家世界一流企业具有较大的优势，但在效率和创新方面还有相当大的差距需要弥补。

1）培育世界一流企业首先要坚持从高数量发展转变为高质量发展。要衡量好规模与效益的关系，从长远考虑企业未来发展问题，将企业做强做优做大。进行新兴产业拓展，抢占新工业革

[一] 2019年7月22日，《财富》（中文版）。

命先导地位。

2）提升企业创新能力，加强产学研合作，打通创新链条；加大研发投入，掌握关键核心技术；进行强强联合，发挥企业之间的创新整合；将资源向创新企业或子公司聚集，推动有创新优势的企业发展。

3）扩大对外开放工作，加强国际国内市场的深度融合，加快企业国际化、市场化的步伐，激励企业面向更具竞争性的市场发展，培养企业的全球战略眼光。积极响应"走出去"战略与"一带一路"倡议，与沿线国家密切合作，打造合作共赢的新模式。

4）加快国有企业改革，充分发挥国有资本与民营资本的优势，增强国有企业活力，积极推进混合所有制改革，促进国有企业经营体制与机制转变。

5）着力培养建强国有企业"三支队伍"：对党忠诚、勇于创新、治企有方、兴企有为、清正廉洁的经营管理人才队伍；掌握关键核心技术，站在国际前沿、引领技术创新的科技人才队伍；爱岗敬业、技艺精湛，善于创造性解决工艺难题、提升产品质量的技能人才队伍。

将国有企业建成具有全球竞争力的世界一流企业，充分体现了习近平新时代中国特色社会主义思想，是深入贯彻党的十九大精神，坚决贯彻落实十九届四中全会"增强国有经济竞争力、创新力、控制力、影响力、抗风险能力"重要部署的具体表现。

2.2.5 "十四五"规划

经过长时期的探索与实践,中国特色社会主义建设逐步形成了健全的规划体系,并成功实施了十三个五年规划。党中央分别从长期、中期、短期对中国特色社会主义建设进行了统筹规划,通过对规律性特点的掌握,我国的五年规划卓有成效地推进了中国特色社会主义建设和改革开放进程。由于五年规划是对中国经济和社会的整体规划,所以五年规划具有宏观性、全局性、综合性、引领性的特点。

1. "十四五"规划的意义

"十四五"时期是我国"两个一百年"奋斗目标的历史交汇期,也是全面开启社会主义现代化强国建设新征程的重要机遇期。"十四五"规划既是历史的延续又是新的开始,有着非常重要的历史意义和现实意义。

2018年6月,习近平总书记在中央外事工作会议上指出,当前中国处于近代以来最好的发展时期,世界处于百年未有之大变局。而"十四五"规划恰恰就是这百年未有之大变局的第一个五年规划,这一时代背景赋予了"十四五"最大的机遇与挑战。

"十四五"规划也将是我国社会主要矛盾由"人民日益增长的物质文化需要同落后的社会生产之间的矛盾"转为"人民日益增长的美好生活需要和不平衡不充分的发展之间的矛盾"的新时代第一个五年规划。"十四五"规划要基于这一主要矛盾为今后社会发展方向做出战略性指导。

"十四五"时期是把我国建成富强、民主、文明、和谐、美丽的社会主义现代化强国新征程和实施"两步走"战略的第一个五年规划期。"十四五"规划时期将是我国经济由高速增长向高质量发展的转型攻坚时期,为我国全面建设社会主义现代化国家新征程打好基础。这是我国第二个百年奋斗目标的重要时期、迈向高收入阶段的开局时期、实施创新强国阶段的开局时期。

我国将面临新时代、新阶段,新矛盾、新问题,新机遇、新挑战,新目标、新任务等一系列新情况。习近平新时代中国特色社会主义思想与党的十九大精神都将在"十四五"时期得到充分的体现。

2. "十四五"时期中国经济的机遇与挑战

"十四五"时期,第四次工业革命浪潮仍然呈风起云涌之势,数字化、智能化、绿色化等继续作为新工业革命的显著特征而深刻影响世界各国的经济社会发展,中国在人工智能、量子计算、5G等方面将有机会领跑世界经济。然而伴随新工业革命而来的却是2020年新冠肺炎病毒的全球肆虐和全球性经济衰退,这势必会在未来一段时期引致全球经济增长和产业格局发生根本性变化。虽然中国经济不可避免地受到新冠肺炎疫情的巨大冲击,但疫情的冲击是短期的,总体上是可控的,从长远来看,中国经济长期向好的基本面没有改变。"十四五"时期,在保持合理增长速度的情况下,中国经济将继续通过转变发展方式、优化经济结构、转换增长动力向着高质量发展阶段迈进。在基本经济制度具有显著优势的条件下,中国完整的现代产业体系、优质的人力资源、广阔的国内市场、雄厚的物质基础以及正确的战略规划和措施,将使中国经济在新的全球格局中展现更多生机与活力。

与此同时,我们也应该意识到"十四五"时期中国经济还面临着许多重大挑战。从国有企业的角度来看:第一,由于新冠肺炎疫情的全球蔓延及全球性经济衰退,中国经济所面对的外需疲软局面和所遭受的海外超常规货币政策冲击仍存在较大的不确定性;第二,从能源和环境的角度分析,投资拉动经济增长的粗放式增长模式难以为继;第三,影响全球产业格局改变或产业链重构的不确定因素增多,而中国自身产业结构合理调整、资源有效配置的任务还很艰巨;第四,关键核心技术的"卡脖子"问题会更加突出,创新需求更加迫切,自主创新能力需要快速加强;第五,受到的发展约束更多更紧,环保要求趋于更严,转型升级的倒逼会更强烈。

对国有企业而言,要按照国务院国资委的要求,紧密衔接企业发展战略的总体部署编制"十四五"规划⊖,处理好与国家治理体系的关系、与各省市融合发展的关系、与打造世界一流企业的关系、与数字化转型的关系、与军民融合的关系,等等。"十

⊖ 2020年3月初,国务院国资委发布《关于做好2020年度中央企业规划工作的通知》。国务院国资委则编制了《全国国有资本布局与结构战略性调整"十四五"规划》和《中央企业"十四五"发展规划纲要》。

四五"规划时期将会面对更为复杂、严峻的国际经济形势,一方面,中国应该积极"抗疫",与世界分享中国的经验,尽快遏制全球疫情的发展;另一方面,我们也应该看到由疫情引起的产业链重建的机会,中国理应在其中扮演大国的角色。在后疫情时期积极布局经济发展,为全球价值链的重建做出贡献。中央能源企业要通过有效推进企业战略性重组和专业化整合,推动可竞争性市场结构构建和公平竞争制度建设,在完成混合改革分阶段任务的基础上,将重点转移到以市场为导向的机制特别是改革上,为实现国家"十四五"重大产业目标做出贡献。

总之,国有企业在"十四五"时期面临的内外环境更加复杂,但中国经济具有充足的发展韧性,能够克服各种困难;经济全球化符合历史发展潮流,其深入发展大势不会动摇。因此,机遇大于挑战,沉着应对,积极进取,国有企业仍会保持良好的发展势头。

2.3　国企干部如何将"兴企"做到"有为"

不同行业国有企业领导干部的"兴企有为"之路,会呈现出独有的表现形式,但仍可在普适性原理的指导之下总结出其共有属性。这一共有属性体现在以下两方面:一方面会体现在战略管理中领导干部的作用和职责上,另一方面则会体现在其"兴企"的举措和实施路径上。

2.3.1 国企干部在战略管理中的作用和职责

习近平总书记强调:"国有企业领导干部是党在经济领域的执政骨干,是治国理政复合型人才的重要来源,肩负着经营管理国有资产、实现保值增值的重要责任。"能源企业领导干部作为我国国有企业领导队伍的一员,是新时代能源行业健康发展的中坚力量。在党中央"对党忠诚、勇于创新、治企有方、兴企有为、清正廉洁"二十字要求指引下,能源企业领导干部应坚持党的领导,牢牢把握集团所面临的发展机遇,在落实集团发展战略的过程中立足岗位尽职尽责地发挥职能作用。

1. 企业干部在战略管理中的作用与职责

对于所有领导干部来说,首先要坚定理想信念,做好党和国家方针政策的传播者。国有企业领导干部在带领国有企业发展的过程中,必须要把党和国家对于国有企业的要求和政策落到实处,这不但是党和国家赋予领导干部的权力,也是国有企业领导干部的责任。党管干部,就是要选拔能够坚定不移地执行党的决策的干部,就是要让国有企业领导干部手中的权力能为党、为人民服务,就是让领导干部能在严明的管理下实现党和人民的意志。

其次,领导干部都有责任和义务为实现企业发展战略目标而努力奋斗,将本企业建设为具有全球竞争力的世界一流企业。作为领导干部应该有核心人才的自我认定意识,要树立职业自信,明确自己是企业建设的核心力量。在推动企业发展的过程中，要充分运用信息收集能力、统筹分析能力和判断决策能力来帮助公司进行科学合理的战略制定。在工作中将企业的战略目标有效地传达给企业的每一位员工，让员工理解并知道自己与企业战略实现之间的关系，要让员工真正地去接受和理解企业战略。最为重要的是，要在形成一个团结、敬业的领导团队的基础上，以坚定的信心去实现战略、去壮大和发展企业，始终愿意与企业共同进退、共同成长。

再次，领导干部还应该主动学习，通过提升自身能力来带动企业发展。国有企业领导干部接受党的领导，传播党的科学决策，这是政治任务也是政治觉悟问题。在思想上国有企业领导干部要具备这种政治意识，在实际工作中也要有与岗位相匹配的能力才能更好地促进企业发展。一个企业是否能良好有序发展，领导干部起到十分关键的作用。领导干部除了有做好企业、做好工作的愿望，还应该有做好工作的能力，只有能力达到了要求才有可能不辱使命地建设好企业。在能力建设方面，领导干部应具备战略决策能力、组织执行能力、管理创新能力、技术创新能力、资本运营能力、风险防范及危机应对能力等。虽然各级领导干部从事的工作不同、岗位不同，需要具备的能力侧重点也会不同，但通过提升能力来推动企业发展的职责却是相同的。

最后，所有的领导干部都应该做好企业良好工作作风的表率，在工作中团结员工、紧密联系群众、凝聚企业斗争力。作风问题关系到人心向背的大问题，国有企业领导干部作为党的代表在管理企业时，应该带头遵纪守法、带头弘扬正气、带头建设良好的工作和生活作风，让员工相信领导、相信企业、相信党和国家。尤其是国有企业的领导干部手握重权，更要时时刻刻牢记肩上是党和国家的重托，要能够秉公用权、清正廉洁。同时，国有企业领导干部始终应该摆正自己的位置，要清楚领导干部的威信是要建立在民主作风上的，是要心系职工的，是要全心全意依靠工人阶级的。国有企业领导干部在工作中要民主办事、团结共事、尊重职工群众的主体地位，充分考虑职工群众的利益，才能团结员工齐心聚力地为企业发展目标而努力工作。企业要真正地发展，国有企业领导干部弘扬"真抓实干、务求实效"的作风也是必不可少的，只有扎实地工作才能带给企业真正的发展，企业工作要落实，领导就务必坚持实干作风。

2. 管理干部在战略管理中的作用与职责

由于岗位分工不同，领导干部的职能也有不同的重点方向。我国国有企业在新时代将面临更为激烈的竞争，知识工程、信息系统、组织管理等复杂系统管理在悄然改变着当今的管理内涵，科学管理逐渐升级为新科学管理。这也要求管理干部要紧跟时代步伐，正视这种发展趋势和变化，努力适应当前环境的变化与发展，不断提升管理水平，在工作中发挥更为重要的管理职能。

对高层管理干部而言，其职责和作用应该是视野宽广抓大局、集中精力管大事、科学论证定方向，保持战略定力，做好科学决策。高层管理干部要站在更高的视角去看待产业、行业、企业的发展趋势与相互关系,以企业家的精神着重解决企业转型与发展道路问题,从长远的角度规划企业发展。高层管理干部要关心基层工作,但又不能将自己的精力完全分散放在基层工作上,要抓大放小,将有限的精力投入更为有效的工作中去。高层管理干部要保持企业创新引擎,引导基层管理干部与技术干部更多地应用创新思维去助力企业运营,提升基层管理干部的效率,落实企业高质量发展的要求。在企业决策中,要能够听取各方面意见,以科学发展观来详细论证企业发展战略。同时,高层管理干部还应该注重对下级领导干部的监督与促进作用,要让下级领导干部真切领会企业的发展意图,保持良好的道德水准,认真地贯彻和执行企业战略部署,在管理中促进管理人才队伍的成长。

基层管理干部在企业战略管理过程中,要发挥好中层领导核心作用,落实好上级要求,带好队伍,按时完成各项任务,更应该侧重于战略的具体执行和实施,通过实现资源高效配置,将日常的管理工作做扎实;要系统地在市场分析、营销策略、流程管理等一系列活动中,探索如何将企业管理变得更高效,如何能更好地落实企业战略,如何能更好地发挥企业动能。基层管理干部要提升基础管理能力水平,把管理看成一门具有艺术性与实践性的科学,及时地对组织管理工作进行指导,打破观念束缚牵引企业管理水平的提升,内部聚焦组织效能进行精益化、信息化管理,探索管理工具和管理方法的应用,在实践中检验管理理论的效用。

3. 技术干部在战略管理中的作用与职责

技术干部是能源企业进行技术创新、掌握关键核心技术的主要力量，是形成企业核心竞争力的重要力量。技术力量的强弱和进步关系到企业在能源革命中处于何种地位，技术干部队伍的建设与能源企业的产业发展息息相关，是不容忽视的干部群体。

在技术干部队伍中，要充分发挥核心技术干部的带头作用。核心技术干部应该站在时代和科技的最前沿，要对未来科技走向有着更强的洞察力和预见力。在新时代，核心技术干部技术的强弱直接关系到能源企业技术创新力量的强弱。核心技术干部不但要勇于创新、勇于研发、勇于尝试，还应该广泛借鉴其他行业以及国家的先进经验。企业的科研技术要能够在探索中发展，在专研中进步，在学习中完善，核心自有关键技术将成为能源企业在市场上占据优势竞争地位的强大武器。在企业竞争中，核心技术干部还应该能够对技术发展走向有更强的辨别能力，要能够帮助企业预判技术发展趋势，更早地采取措施，做出相应的对策，比竞争对手更早一步进行准备。同时，核心技术干部还应该在企业发展中起到带动作用。要以专业的知识和奉献的精神，鼓舞和带动基层技术干部和其他人员；用强烈的进取心和成功欲望，去影响基层技术干部和其他人员；凭借显著的求知欲和探索精神，去激励基层技术干部和其他人员。

对于基层技术干部来说，应该积极学习"榜样力量"，在岗位上发挥工匠精神，对每一项技术应用和研发都做到极致。要培养过硬的技术技能，解决日常技术难题，确保各项生产顺利进行，保障企业良好的生产状态。要成为基层工作中的技术骨干，补齐短板，提升技术应用与研发能力，勇于向核心技术难题发起挑战。

4. 政工干部在战略管理中的作用与职责

判断国有企业领导干部队伍建设和企业人力资源建设质量如何，不能只关注人员数量、人员学历、人员背景，更应该关注领导干部的素质与能力、思想与觉悟、担当与胆识。在我国全面建设小康社会的历史性阶段，国有企业领导干部与人力资源建设将对国有企业发展起到十分重要的作用。国有企业政工干部，应该在提升国有企业干部的素质能力上下足功夫，提升企业内团队的思想认识，为进一步深化改革、进行管理机制创新、提升管理水平、稳定人员队伍提供强有力的保障和支持。

企业政工干部在工作中要积极团结员工，倾听员工心声，增强员工归属感，提升员工荣誉感，将政工工作落实到企业的每一个部门、每一个工作环节、每一名员工身上。通过贯穿于整个企业的政工工作，促使员工积极主动地投入企业的发展中。政工干部应该将政工工作对整个组织的建设、指挥、调度及激励的价值发挥出来，直面日益激烈的社会竞争，发挥政工工作的理论力量，让政工工作成为企业健康运行、快速发展的重要保证。这样才能带动普通职工在党支部的领导下，围绕企业中心工作，发挥党组织的战斗堡垒作用和党员的先锋模范作用，做好本职工作，带头创先争优。

2.3.2　国企领导干部兴企重点举措与实施路径

国有企业总体发展战略应以建设引领型企业为"兴企"的基本思路和实践导向。从发展战略来看，重点要抓住党建引领、战略引领和行业引领，相应的"兴企"重点举措和实施路径有以下几个方面。

首先，明确在党领导下的国有企业，坚持党的领导才能确保方向正确、道路正确、方法正确。坚持党的领导、加强党的建设是国有企业的"根"和"魂"，是国有企业的光荣传统和独特优势，国有能源企业的"兴企"之路必须坚持这一重大政治原则，必须一以贯之地执行。在这一政治原则之下，认真遵循 2020 年 1 月中共中央印发的《中国共产党国有企业基层组织工作条例（试行）》（以下简称《条例》），开展集团内各级基层组织的党建工作。围绕组织设置、工作职责、党的领导和公司治理、党员队伍建设、党的政治建设、党内民主和监督、领导和保障等七个方面采取有力措施，强化责任落实，推动《条例》落到实处、见到实效，从而实现党建引领。

其次，针对战略引领，"兴企"的重点要踏踏实实落在产业上，明确产业是"兴企"的切入点和落脚点，是创建世界一流示范企业的"主战场"。国有企业要顺应新时代要求，契合国家战略和全球经济发展趋势，全面落实企业的发展要求，动态地处理好局部与整体、近期与长远、环境与条件、资源与能力和企业与社会等重大战略关系，创建世界一流的产业体系，增强企业全球竞争力。在发展战略制定上，要聚焦主业，做强做优主业，推动各个板块高质量发展，打造具有全球竞争力的世界一流的核心产业，适应国际国内市场竞争需要，保障国家产业体系安全。

最后，围绕行业引领，以"十四五"时期为时段，"兴企"的重点举措和实施路径如下：一是紧密跟踪八大产业世界发展动向，分析产业环境变动、产业链重构、科技应用突破、市场和竞争格局变化等重大领域的发展趋势，收集一流企业情报，研究其战略态势、创新策略、商业模式转换和市场取向，为集团高层决策提供高质量的信息和方案支撑；二是聚焦于产业协同和融合，利用多元产业核心主体优势在广泛的产业领域积极探索多元化融合发展方式，并形成行业引领示范效应；三是大力培育融合数字化、智能化和绿色化发展的新业态新模式。坚持在市场竞争中产生并经市场检验的基本路径，争取在产业数字化方面实现突破，形成新业态、新模式，不断增强企业在全球变革和治理的话语权和影响力。

第 3 章
"兴企有为"的基本要求

"兴企有为"作为衡量国有企业领导干部的标准之一，与其他干部标准有着普遍联系，也具有特殊性要求。"兴企有为"从思想上来说，首先就要求领导干部以坚定的立场干事业，凝心聚力忠于党，这是国企领导干部对党忠诚的基本要求。在正确的意识形态指引下，大局观和战略思维是国企领导引领企业做强做优做大国有资本的法门。但理论既要能够指导实践又要能够与实践相结合，国企带头人只有真抓实干才能有效推进战略落地。在战略落地过程中，领导干部需要着眼于宏观的同时着手于细节。具体来说，领导干部在工作中既要以身作则不畏艰险，又要能够持续学习、自我完善，将工作中的困难转化为前进的成果。

3.1 信念坚定、政治可靠

国有企业领导干部要"兴企有为"，首先需要政治过关，只有坚定的信念、忠诚于党才能发挥好依靠党建促发展的红色引擎，才能团结奋进凝聚人心。而要做到信念坚定、政治可靠需要先了解需要达到什么条件、自身具备什么条件，从实际情况出发寻找努力方向，最后通过实际行动提高自身政治修为。

3.1.1 基本条件

1. 作为国有企业的领导干部要信念坚定、政治可靠就必须忠诚于党

"对党忠诚"是习近平总书记对国有企业领导干部的要求，也是国企领导干部应有的本色。无论是新成立的国有企业还是具有悠久成长历史的国有企业，在其发展历史中都流淌着红色的血液。国企的领导干部要不忘初心、牢记使命才能铸就坚定的信念，才能够成为党和人民赋予重托的国有企业领导干部。作为党领导下的国有企业领导干部，要能够做到政治信仰不变色、政治立场不动摇、政治方向不偏移，只有对党纯粹的忠诚才能使国企领导干部具备应有的政治定力，也只有"对党忠诚"才能自觉在政治立场、政治方向、政治原则和政治道路上同党中央保持高度一致，才会自觉把维护习近平总书记的核心地位和党中央集中统一领导作为最高政治原则和根本政治规矩，才会自觉践行新时代我党治国理政的方针策略，做政治上让党和国家放心的国有企业领导干部。

2. 国企领导干部要坚持党的领导、加强党的建设，才能让信念和政治理想犹如柱石之坚

国企领导干部在思想上要忠于党，在工作中更要进一步坚持党的领导、加强党的建设。坚持党的领导是习近平总书记强调的重大政治原则,只有在党的领导下才能够激发领导干部坚持服务生产经营不偏离,把提高企业效益、增强企业竞争实力、实现国有资产保值增值作为工作的出发点和落脚点。领导干部更应该以身作则贯彻执行党和国家方针政策、重大部署,树牢"四个意识",坚定"四个自信",以实际行动来证明自己政治上信而有征。国有企业要强"根"固"魂",党建工作是核心,党组织是国有企业做强做优做大的组织保证,是领导干部思想政治的战斗堡垒。党的建设跟上了,企业的内核就更为坚实了,领导干部的信心就更足了,政治方向也就更明确了。通过红色文化的洗礼,可以有效抵挡外部负面思想的影响,更加坚定国有企业领导干部以及员工的政治立场,在企业内部和员工心里筑起一段红色长城。在国企的工作中,要始终把政治建设摆在首位,自觉净化企业政治生态,奠定良好的风纪基础。

3. 坚定信念、政治可靠要不断学习,以党的教育武装头脑、强化认识

作为国有企业领导干部,不但思想上要向党靠拢,工作中要受党指挥,还要坚持学习才能跟上党的理论发展步伐,才能用党的思想与时俱进地去思考、解释、解决新时代下领导干部所面临的问题。领导干部只有不断学习领悟才能更真切感受到党的思想的伟大,清楚党的思想的深刻内涵,才能更好地在工作、学习、

生活中去应用党的指导，才能在内心深处强化忠诚于党的信念，才能在行动中时刻发挥党的精神。国有企业在加强思想建设方面，要深入学习贯彻习近平新时代中国特色社会主义思想和党的十九大精神，制定党组学习制度，建立学习机制，深入落实意识形态责任制，牢牢把握意识形态工作的领导权和主动权。要经常召开思想工作会，明确工作总体思路和重点工作任务。

3.1.2 努力方向

1. 传达党和国家指示

"兴企有为"需要坚定的信念跟随党和国家的指示，用可靠的政治觉悟去正确传达党和国家的指示。国有企业要上下一心紧跟党的步伐前进，就需要做到上情下达，及时宣贯国家的大政方针政策，让各级领导干部和职工都能了解时代的变化，将思想统一到国家层面。国企领导干部要以坚定的信念去宣传国家发展形势，加强国家意志和企业战略方向、发展成果的宣传工作，增强全体员工的向心力和凝聚力。领导干部还应该不断提高自己的政治觉悟，用可靠的政治思想正确引导舆论走向，把控宣传力度，使各级员工都能在正确的方向和道路上紧跟党和国家的政策形势，齐心协力地建设企业。

2. 开阔视野

"兴企有为"要用好政治觉悟和信念去开阔视野。党中央和国家以高度与时俱进的精神去把握时代的特征，立足中国发展实际,从全球视野、沿着历史脉络去总结和发展治国理政的思路。党中央根据各阶段不同特性和重点去部署工作任务,要跟上党的思路发展,就需要持之以恒地去学习中央文件、领会中央精神,丰富领导干部的头脑,开阔个人的视野以便更好地贯彻执行中央的决定,在党中央的指导下去完成"兴企有为"的重任。

3. 依靠员工

十九大报告中指出,我国社会主要矛盾已经转化为人民日益增长的美好生活需要和不平衡不充分的发展之间的矛盾。"兴企有为"就是要在国有企业内部解决这一矛盾,充分调动员工的积极性,激发员工的潜能,感受党和国家的力量。国有企业领导干部要立场坚定地去团结员工、依靠员工,让员工拥有展示自己的平台。坚持以职工为中心的导向,充分保障职工的知情权、参与权、表达权、监督权,把"听取职工群众声音,考虑职工群众意见,发展举措向职工群众汇报,让职工群众有更多获得感、幸福感、安全感"落到实处,团结员工多方面地参与到企业发展中来。

4. 凝聚人心

要做到"兴企有为"还需要以坚定的政治立场去打造凝聚人心的文化环境。十九大报告中对文化自信是这样阐述的:"文化是一个国家、一个民族的灵魂。文化兴国运兴,文化强民族强。没有高度的文化自信,没有文化的繁荣兴盛,就没有中华民族伟大复兴。"作为国有企业的领导干部,要以坚定的政治立场为基准去打造企业的文化,通过企业文化去感染员工共同成就企业辉煌。领导干部越是有坚定的政治信仰,越是容易感染企业员工,这种文化上的感染就可以加强员工的爱国主义、集体主义、社会主义意识,从而凝心聚气地去服务企业。领导干部应该严格按照十九大思想意识要求,传达积极的政治思想,为员工提供丰富营养的精神食粮,为企业提供丰富的精神燃料,助推企业成长。

3.1.3 具体步骤

要领导干部落实坚定的政治立场,并促进实现"兴企有为"的目标,需要结合企业实际情况并有序地开展党建工作。

首先,领导干部要在企业系统内坚持自上而下、一以贯之地落实党的全面领导,并坚持将党的建设服务于企业改革发展。以习近平新时代中国特色社会主义思想和党的十九大精神为指导,立场鲜明地将党的领导和党建工作与企业改革和生产经营相融合,将更有利于员工干事创业氛围的形成。领导干部可以把坚定的政治立场转化为"兴企"的动力,让全体员工凝聚到"兴企有为"的重任上来。

其次,领导干部要坚定党建组织工作。在人才强企的同时,也需要考虑通过人才加强党建工作,并加强党建部门的组织管理工作。有更多的立场坚定的高素质人才参与到党建工作中,将更为有利于培育优秀的、有为的领导干部。党建干部也应熟知党的路线、方针和政策,提高自身的各项能力,将工作落实到基层党组织中,提升基层党组织的组织力和凝聚力,发挥党员模范作用,引导员工为企业做出贡献。

最后,领导干部应充分利用多种手段来巩固和培养员工坚定的政治立场,时刻统一员工思想凝聚力量。目前信息化已经非常发达,领导干部应该通过微博、微信等软件,传播党的思想,开展与党建活动相关的主题演讲,丰富员工的学习方式。

3.2 战略思维、把握方向

国有企业在我国的整个经济发展进程中起到了至关重要的作用,尤其是自新中国成立以来的几十年。二十一世纪的中国,随着经济格局的转变,我国的国有企业在新经济时代的战略使命也将进行相应的调整。国企领导干部要"兴企有为"需要有战略思维,能够把握大方向,做好企业的舵手。战略思维就是从宏观从全局考虑问题,善于把握事物发展的总体趋势和方向。注重战略思维就是要有大局观,从宏观的角度去思考问题,能够把握事物发展的总体规律和方向。在具有战略思维的同时还要能够落实到战略管理,使战略能够有效地贯彻下去。战略规划是战略管理的基础,战略规划要坚持使命、愿景,有效分析外部环境、内部能力,以全局的视野去分析问题,以务实的精神去解决问题。战略规划要尊重客观规律,要具有坚定性,一张蓝图坚持到底,不能随意变动。战略规划要有能够落到实处的行动计划,执行到位,同时要有对应的管控体系,保证战略不走偏、不走样,形成完整的战略管理闭环。

3.2.1 基本条件

1. 国企领导干部坚持和运用战略思维具有历史依据

中国共产党的发展历史决定了在新时代的背景下,国企领导干部必须具有战略思维。中国共产党的一大优良传统和特色就是重视战略思维。通过了解我国的近代历史可以发现,中国共产党能够带领全体人民群众进行伟大的革命、建设和改革,形成具有中国特色的战略思维体系,一个重要的原因就是我党始终坚持并且运用这种战略思维。从本质上来讲,这种战略思维是一种世界观和方法论,是党和国家能够取得伟大的历史性成就的重要精神动力和思想武器。尤其在我党全面推进"四个全面"战略布局和"五位一体"总体布局的进程当中,国企肩负着重要的使命任务,这更要求国企领导干部坚持和运用战略思维,推进中华民族伟大复兴的发展进程。

2. 国企领导干部坚持和运用战略思维具有客观依据

在复杂多变的国内外形势下,我国所处的环境正在发生深刻复杂的变化,我国正处于发展的重要战略机遇期,前景虽然一片光明,但面临的挑战也同样严峻。国企天然具有支撑我国经济发展的重要使命,国企领导干部坚持和运用战略思维也是必要的,需要国企领导干部站在战略高度,通过战略思维制定战略目标,坚持战略定力，确保战略的有效实施，在决胜全面小康社会，奋力夺取新时代中国特色社会主义伟大胜利的伟大事业中发挥应有的作用。国际上，世界正处于百年未有的大变局之中，逆全球化兴起；世界经济增长乏力；国家主义、民族主义强势崛起；中美贸易摩擦的长期性等一系列问题都带来了诸多的不确定性。这正是考验一个国家真正实力的时候，包括"硬实力"和"软实力"，也是一个国家战略思维和战略能力的直接较量。在国内，我国经济发展进入新常态，经济下行压力巨大，居民消费增速放缓，投资增长乏力，受贸易战影响净出口也出现了下滑，传统的"三驾马车"都出现了严峻挑战。社会上，我国的贫富差距问题，不平衡不充分发展产生的社会阶层矛盾有加剧的趋势。国企作为我国经济发展的特有产物，对外，象征着国家竞争力，承担着国家战略的使命；对内，肩负着带动经济发展，实现社会稳定的重任。这就要求国企领导干部必须具有战略思维，并且能够有效地运用战略思维，实现企业自身的战略目标，做到兴企，完成国家赋予的使命，做到有为。

3. 国企领导干部坚持和运用战略思维有现实依据

习近平总书记在2003年就明确提出了全体党员干部"要有世界眼光和战略思维""各级政党'一把手'要站在战略的高度，善于从政治上认识和判断形势，观察和处理问题"。但是在实际工作中，部分国企领导干部缺乏战略思维与能力，主要体现在缺少大局观，只算地方小账，不算国家大账；只算个人小账，不算人民大账。这就要求国企领导干部加强战略思维与能力的学习和培养,避免因为部分国企领导干部战略思维的缺乏,给党、国家和人民造成损失,甚至对中华民族伟大复兴的事业产生影响。

3.2.2 努力方向

1. 明确笃定的战略目标,是确保企业基业长青的重大引擎

战略思维的首要任务就是明确清晰的战略目标,就是指带有全局性、方向性、长期性和根本性的总体目标。对于国有企业而言,战略目标就是服务于国家战略目标,实现国有资产的增值保值,实现国有企业的做大做强。

国有企业应根据总体战略目标制定相应的长、中、短期计划,注重"硬实力"和"软实力"的相互提升。坚持顶层设计、系统布局,各梯次分解执行,通过"十三五""十四五"等一系列战略规划,不断朝着总体战略目标前行。同时围绕企业发展路径的界定,强化管理体系建设,保证战略一以贯之的有效执行。

2. 统筹协调的战略部署,是确保顺利实现目标的有力武器

发展战略部署紧紧围绕战略目标制定总体性战略安排,它既包括对战略实施的规定,也包括对战略推进方式的谋划,是关于战略重点、优先顺序、主攻方向的整体方案。

在战略部署上,国有企业决策者要把握大势,应势而谋,因势而动。尤其是企业党委,要切实把政治建设摆在首位,引导各级党组织和广大党员以坚定的思想遵从、坚决的政治拥护,推动习近平新时代中国特色社会主义思想转化为企业高质量发展的生动实践。领导干部要主动承担企业发展的责任和使命,改革创新、追求卓越,深入践行品牌强国战略,努力为中国经济高质量发展发挥积极作用。

3. 与时俱进的战略理念,是确保企业朝着正确方向前行的纠偏器

管理学大师德鲁克说过:"管理是一种实践,其本质不在于知而在于行,其验证不在于逻辑而在于成果。"企业的战略管理既要依据科学理论,又要在实践的过程中不断修正理论。只有与时俱进的战略理念,才能在复杂多变、充满不可预知性的竞争环境中求得发展,实现国有资产保值增值的企业目标。

3.2.3 具体步骤

在落实步骤上,领导干部应重点考虑:如何切实提高广大党员干部在日常学习工作生活中坚持和运用战略思维的主动性和积极性,提高广大党员干部熟练运用战略思维的能力,提高广大党员干部对党中央领导集体做出的一系列战略部署的理解能力和贯彻能力。

1. 自觉提高学习意识,不断涵养战略格局

战略思维也是科学不断发展的产物,战略格局同样不是天生的,需要后天不断地努力学习与实践才能获得。随着互联网的快速发展,从过去的信息匮乏到现在的信息爆炸,知识的更新周期已经大幅缩短,国企领导干部只有坚持不断学习,不断提升各个方面的知识素养,不断深化学习各个领域的知识,自觉地加快知识更新的频率,同时在实践过程中不断完善、优化自己的知识结构,在学习与实践的过程中培养战略思维与能力。战略思维与能力的加强又会反向促进工作取得进一步的成果,形成好的正向反馈。

2. 优先确定战略目标,合理制定战略筹划

战略思维的首要任务就是确定目标。目标是集体的前进方向,好的目标才能鼓舞人心,形成更强大的前进动力。确定了目标,就要开始战略规划,战略规划是战略思维能够落地的切实行动。

必须要坚持顶层设计与探索前行相统一。顶层设计要求国企领导干部顺应时代潮流,站在高处进行战略思考、做好战略研判、制定战略安排;探索前行要求领导干部有拼搏精神,遇到困难能够迎难而上,遇山开山,遇水架桥,在实践的过程中探索真理,不断形成新的理论支撑,形成知与行的有效结合。知行合一就是在长期目标的支撑下,通过不断的学习与实践形成新认识、新经验、新贡献。

必须要坚持"全局-长远-根本"相统一。全局,就是看问题要有宏观的视野,能够从大处着眼,这是战略思维立足高处的反映;战略思维还要目光长远,要能够正确处理各个阶段实践行动的关系；而战略思维体现在内容上，就需要国企领导干部正确处理日常事务的矛盾，重视主要矛盾，关心次要矛盾，能够抓住根本问题。兼顾着眼大处、目光长远、抓住根本，就能在日常学习工作中运用好战略思维。

必须要坚持统筹兼顾和轻重缓急相统一。确定日常工作的奋斗目标和路径方略，要坚持统筹兼顾，做到全面把握，不能"各管一段"。在新时代背景下，加强战略筹划和策略运筹还必须要在变与不变的哲学中精准把握世情国情的新变化，统筹好国内国际两个大局。同时也要注意轻重缓急，做到重点把握。正如习近平总书记指出的，因为党的十九大确定的目标任务有近期的，有中期的，也有长期的，所以我们在战略筹划上要分清轻重缓急，有计划、有秩序地加以实现。通俗地讲就是，有的时候需要抓大放小、以大兼小，有的时候需要以小带大、小中见大，根据情况灵活掌握。与此同时，还需要注意一般性的工作计划与战略筹划区别很大，前者偏重干什么，而后者首先要弄清楚干什么之前需解决哪些现实问题。

3. 牢固树立坚定信念，切实守好战略定力

国企领导干部要有坚定的战略信念。定力源自于自信，只有对自己的道路、理论、制度、文化以及战略部署保持高度自信才能产生强大的战略定力。新时代的中国与世界正处于百年未有之大变局中，只有守好战略定力，才能"任凭风浪起，稳坐钓鱼台"。

4. 全面统筹战略局势，务必确保战略实施

确保战略实施必须坚持事物发展规律与坚持人民主体地位相统一。社会主义建设历史正反两方面的经验告诉我们，要想实现伟大梦想，必须要遵循历史发展规律，按照客观规律办事，且还必须要坚持人民的主体地位。在任何情况下，广大党员干部都要把人民放在心中最高位置，以我将无我、不负人民的精神同人民肝胆相照、血脉相通、生死与共。要知道离开了人民，我们就如离开了水的鱼而一事无成。同时还要真正同人民结合起来，尊重人民的首创精神，所谓"高手在民间"，广大党员干部要自觉以人民为师，向群众学习成功的经验。

3.3 任事担当、履行责任

习近平总书记在全国国有企业党的建设工作会议上强调："国有企业领导干部要坚定信念、任事担当，牢记自己的第一职责是为党工作，牢固树立政治意识、大局意识、核心意识、看齐意识，把爱党、忧党、兴党、护党落实到经营管理的各项工作中。"党员干部是人民的公仆，是党和国家事业的中坚力量，发扬主人翁精神，强化责任，勇于任事担当是应尽之义。国企领导干部只有做到任事担当、履行责任，才能够做到真抓实干，才能够稳定人心，坚定全体群众的信念，凝聚全体群众的力量，投身于企业的发展建设事业当中，才能实现兴企有为。

3.3.1 基本条件

1. 任事担当，是国企经济发展的必要条件

以坚持经济建设为中心，是中国共产党在社会主义初级阶段基本路线的中心，是兴国之要，立邦之本，是党和国家兴旺发达和长治久安的根据要求。作为国有企业组织，国有企业领导干部也必须围绕经济发展开展工作，其经济属性要求国有企业必须不断地提高经济效益和劳动生产率，以实现国有资产的保值增值。而在实现国有资产保值增值的过程中，国企领导干部的任事担当至关重要，党和国家把国有资产交给企业领导干部经营管理，既是莫大的信任，也是沉甸甸的责任与担子。要真抓实干，按照责权利相结合的原则，把企业对国家承担的经济责任加以分解，层层落实到各个层级的经济责任制上。

2. 任事担当，是国企完成政治任务的必要条件

国有企业作为党和国家最可信赖的依靠力量，在坚决贯彻党中央决策部署、贯彻五大发展新理念，全面深化改革，实施"走出去"战略和"一带一路"建设等重大战略方面都是重要力量。国企领导干部作为党在经济领域的执政骨干，作为党员必须在政治上保持正确，忠于党，确保党和国家的方针、政策在国企中认真贯彻、有效执行。国企领导干部在实践中勇于任事担当，团结全体群众，保证国有企业的纯洁性，成为党和国家最值得信赖的可靠力量，完成党和国家交托的一切任务。

3. 任事担当，是国企实现社会责任的必要条件

国有企业作为壮大综合国力，促进经济社会发展，保障和改善民生的主要力量，是国民经济的压舱石，提供了大量的基础能源，生产了大量的公共产品，建设了一大批重大工程项目，承担了一系列国家重要任务。其中一方面就是勇于担当社会责任。国企领导干部要教育党员，团结群众，调动一切可以调动的积极性，既讲清道理，又要多办"得人心、暖人心、稳人心"的实事。通过对于国有企业社会责任的任事担当，团结全体人民，既让全体人民享受更好的生活，也让更多的人全身心参与到国家的发展建设当中，为实现中华民族的伟大复兴贡献更多的力量。

3.3.2 努力方向

1. 勇于任事担当，需要敢为天下先

成功的道路总是伴随着挫折，想要成就任何一件事，成就一番伟大的事业，付出的艰辛和努力同样是超乎想象的，这就要求国企领导干部拥有"遇山开山，遇水架桥"的勇气，以"一往无前，敢为天下先"的锐气去解决问题、化解矛盾。在深化国有企业改革的过程中，同样是充满了艰辛与挑战。改革就是源自对现状的不满，而出现改变，就会涉及利益的分配，有从中受益的一方，就一定会有从中受损的一方。这就要求国企领导能够用于任事担当，坚定自己的目标，彻底履行自己的义务，只有真抓实干才能"稳人心"，才能坚定全体群众的信念，让大家拥有必胜的

信念，能够无保留、无顾虑地投入企业的发展建设当中。

2. 勇于任事担当，需要克服心理障碍，排除一切干扰

想要成就一番事业的一个重要方面就是要能够克服过于从众、不敢求异冒险的心理。从众是一个人趋利避害的本能，但却不是成就一番事业的态度。如果是所有人都去做的事，那么不会有成功的机会，有成功的机会也不会是你的机会。在国企进行改革的过程中，难免会遇到冷嘲热讽，或者暗中使绊子，如果没有强大的心理素质，不能从心理上战胜自己，那么面对这些挑战就会畏首畏尾，退缩不前。国企领导干部应该做好心理准备，勇于任事担当，不惧怕可能出现的各种挑战，集中精力，战胜干扰因素，把自己的事情做好。

3. 勇于任事担当，需要胜不骄、败不馁

国有企业承担的是国家使命，每一项任务都充满挑战，在干事的过程中，不可避免地会遇到各种挫折与困难。国企领导干部应当充分认识到可能出现的困难，能够在遇到困难的时候保持信心，做到持之以恒，脚踏实地，努力克服困难。越是遇到困难，越是说明我们已经进入深水区，坚定信心，继续前行。哪怕失败，也不能轻易放弃，而要认真总结经验，做好复盘工作，重新再来。同样在事业进行顺利的时候，也要保证头脑的清醒冷静。不能因为取得了一点成绩就沉不住气得意忘形，行百里者半九十，距离实现中华民族伟大复兴还有很远的道路要走，需要国企领导干部始终心怀敬畏、保持警惕，尤其是在快速变化的复杂环

境中，没有绝对的好坏，今天的成果也许就是明天错误的源头。所以要做到任事担当，还要有胜不骄、败不馁的心态，要有客观看待一时得失的理性。

3.3.3 具体步骤

1. 国企领导干部要从讲政治的高度强化责任担当

习近平总书记强调："党员干部要有担当，有多大担当才能干多大事业，尽多大责任才会有多大成就。"敢负责、敢担当是考验党员干部党性强不强、作风硬不硬的试金石。只有强化责任担当，才能在企业发展中展现更大作为。

国企领导干部需要加强党性修养，始终坚定共产主义理想信念，做到遇险不惧、临难不退、担责不脱。任事担当是国企领导干部应有的政治操守，任事担当体现在勇气和胸怀上。国有企业在经济新常态下发展，保值增值的压力与日俱增，国企深化内部改革的压力巨大，需要有一支勇于任事担当的领导干部队伍，才能有序推进国有企业的可持续发展。所有国企领导干部始终保持勇于任事担当的操守，不断增强使命感，时刻把国企的生存和发展作为己任，全心全意做好各项工作。

2. 国企领导干部要以义不容辞的锐气强化责任担当

任事担当的内涵与要求是多方面的，要求国企领导干部面对困难挑战能够义不容辞、迎难而上，始终保持坚定不移的昂扬锐气。一是要认真做事。国企领导干部要脚踏实地，尽心尽力干实事,始终以积极的心态、职业的精神全身心地投入工作中,争当干事的领头羊。二是勇于解决难题。做事难是当前许多国企领导干部面临的共同问题。在实际工作中难免遇到很多难题,这就需要国企领导干部有担当,面对各类难题,能够勇于挑战,解决问题,努力找到化解矛盾的有效办法。三是敢于担责,在干事的过程中,日复一日地工作难免出现懈怠,出现在其位不谋其政的现象。敢于担责不仅是一种情操,还是一种价值观,一种胸怀。干事就是要解决复杂的问题,面对困难,国企领导干部要善于在其中找到规律,拿出解决办法,在组织需要的时候能够站出来,经得起考验。四要深入基层。深入基层、加强调研是国企领导干部了解实际情况、推动工作进度的必要手段,要带着问题,深入调研了解,善于发现问题和解决问题。国企领导干部应该主动深入生产一线,到困难矛盾多的地方去排忧解难,到职工群众疑惑多的地方去解疑释惑,到工作难开展的地方去打开局面,用具体的行动展现自己的任事担当。

3. 国企领导干部要以清正廉洁的作风强化责任担当

清正廉洁才能刚正不阿,才能起到带头示范作用。国企领导干部只有拥有一身正气,才有底气去要求其他人,产生不令而行的效果。党的十八大以来,中央提出了正风肃纪的要求,对于腐败行为是零容忍,特别是中央八项规定实施以来,国企领导干部更是在"放大镜"下工作和生活,这就对清正廉洁有了更高的要求。国企领导干部要坚定理想信念,以身作则,才会不怕腐朽思想侵蚀，才会有无私无畏干事的底气。要对人民群众心存敬畏，多做为民造福、为民谋利之事。对法纪心存敬畏，树立底线思维和红线意识，自觉维护党纪法规的权威，坚持依法依纪办事。要加强修养，把敬畏之心奉为"头上神明"，始终保持国企领导的政治本色。

4. 党员干部要以过硬的能力素质强化责任担当

国企领导干部要做到任事担当，除了有坚定的思想信念，还要有过硬的能力素质。能力的提高，来源于坚定的信念引领，来源于思想觉悟的提升，来源于实践的历练和积累。在信息化、智能化的时代，面对新常态下转型升级的迫切要求，国企领导干部应该不断提升自身能力，争取做知识型的干部，通过对党的理论、专业业务的更好学习，为提升领导干部的综合素养持续充电。国企领导干部要通过实践锻炼自身的综合能力，实践是最好的教科书，实践出真知。只有投身于一线，通过实践才能不断提高工作素养，推动落实的能力。国企领导干部应该把实践作为成长的阶梯，努力在实践中锻炼自己，增长才干，为国企的发展做出更大的贡献。

3.4 迎难而上、勇于作为

习近平总书记在 2016 年对国有企业改革做出了重要指示："国有企业是壮大国家综合实力、保障人民共同利益的重要力量，必须理直气壮做强做优做大。"而国有企业领导是国企各项资源的整合者,是激发企业各类要素活力的组织者,其能否发挥积极性、主动性、创造性,主动担当作为对其能否带领企业不断增强活力、影响力、抗风险能力,实现国有资产保值增值具有极其重要的作用。面对巨大的挑战,国企领导干部应当迎难而上、勇于作为,只有以身作则才能树立榜样,才能得人心,形成正确的行动观和工作作风。

3.4.1 基本条件

1. 迎难而上、勇于作为是树立政治意识的本质要求

国有企业作为党和国家最信赖的可靠力量,国企领导干部是党和组织委派到国有企业工作,代表国家和全体人民管理、经营国有资产,是党的干部队伍中一股非常重要的骨干力量。党和人民把资产交到国企领导干部手上,就是要求领导干部能够带领企业做好企业,实现经营效益,把企业做大做强,做优做精,实现国有资产的保值增值。这就要求国企领导干部能够迎难而上,勇于作为,不然是无法推动企业的改革创新、无法推动企业的健康发展、无法推动企业发展壮大的。因此,没有迎难而上、勇于作为的国企领导干部,就是违背了党和人民交与的根本使命,是不称职、不履职、不讲大局、不讲政治的行为,是有负于人民、有负于国家和党组织的重托。

2. 迎难而上、勇于作为是实现国有资产保值增值的推动力量

我国改革开放以来，国有企业坚持深化改革，已经在治理体系、产权结构和管理模式上不断完善，结合我国的实际情况，逐步走向完善，极大地促进了我国国有企业的发展。但是在市场化运营机制、激励机制、过度行政化倾向和通过提高企业效率来提高企业经营效益等方面仍存在诸多问题。这些问题就需要国企领导干部去发现、去解决。国企领导干部应该敢于提出问题，敢于面对问题，敢于解决问题，在这个过程中，既能解决存在的问题，还能对现有的管理制度进行不断完善。但是在解决问题的过程中不可避免会出现矛盾，遇到阻力，这就要求国企领导干部能够迎难而上，勇于作为，敢于挑起重担，化解矛盾。国企改革想要激发活力，做到兴企有为，就必须让领导干部放开手脚，不能因为害怕出现问题、引发矛盾而停滞不前，不主动担当。

3. 迎难而上、勇于作为不是乱闯蛮干

迎难而上、勇于作为的最终目标是实现国有资产保值增值，实现这个目标就要求国企领导干部必须坚守刚正廉洁的底线，基于科学、客观、专业的论证进行决策，规范高效地进行工作。国企领导干部要迎难而上、勇于作为，但又不能乱闯乱冲。要当解决问题的钉子，但不能四处乱扎。国企领导干部是国有企业的领头羊，需要有市场意识，需要有专业技能水平，需要有运用市场手段熟练管理企业的能力。国企领导干部在改革创新的同时，还要讲政治、护核心，自觉地维护党中央的集中统一领导。这对国

企领导干部有了更深的要求,既要大胆前进,又不能脱离国企实际;既要遵循国家对于国有企业在国民经济发展中的定位和改革发展中的要求,又不能肆无忌惮;既不能墨守成规,但又不能跨越红线。

3.4.2 努力方向

1. 坚定信念,对党忠诚

国企领导干部应当坚定信念,对党忠诚。习近平总书记指出:"我们从来没有认为共产主义是唾手可得的、马上就能够实现的目标,但绝不能因为共产主义不是马上就能够实现的目标,不是我们有生之年能够看到的目标,就没有了理想信念,就认为共产主义是虚无缥缈的海市蜃楼,就不去做一个忠诚的具有共产主义远大理想的共产党人。"几十年来,共产主义远大理想激励了一代又一代共产党人英勇奋斗,也成了他们追求真理、追求民族独立和人民解放的强大支柱与精神动力。十八届六中全会上明确提出:"共产主义远大理想和中国特色社会主义共同理想,是中国共产党人的精神支柱和政治灵魂,也是保持党的团结统一的思想基础。必须高度重视思想政治建设,把坚定理想信念作为开展党内政治生活的首要任务。"在复杂多变的环境下,面对各种矛盾与困难,国企领导干部只有迎难而上、勇于作为的精神是不够的,还需要有坚定的信念,以对党无限的忠诚作为思想的坚固阵地。让理想信念化为具体行动,就需要将远大理想和实干精神结合起来,将理想信念作为行动纲领,再以迎难而上、勇于作为的精神去做事业,才能取得成功,才能帮助国有企业做优做精,才能实现国有资产保值增值。

2. 不忘初心,牢记使命

国企领导干部应当不忘初心,牢记使命。国企领导干部应当坚定初心,强化工作使命感,牢记全心全意为人民服务的宗旨和初心。新时代背景下,仍然有风险挑战,越是形势复杂、挑战严峻,国企领导干部越是应当迎难而上,投入具有新的历史特点的伟大斗争当中,成为党和国家最可信赖的可靠力量;成为坚决贯彻党中央决策部署的重量力量;成为贯彻新发展理念、全面深化改革的重要力量。面对矛盾与困难国企领导干部需要挺身而出,勇于作为,用实际行动诠释使命担当。

3. 敢于担当,尽职尽责

国企领导干部应当敢于担当,尽职尽责。有担当就是敢于面对各种挑战,新时代仍然有风险挑战,伟大工程仍然有薄弱环节,伟大事业仍然需要进一步坚定"四个自信",伟大梦想仍然需要奋发有为。国企领导干部需要自觉以人民为中心,要站稳党和人民的立场,践行以人民为中心的发展思想,做到国有资产保值增值,提高国有企业的经济竞争力。在此过程中,要求国企领导干部保持迎难而上的精神和一往无前的姿态,勇于挑最重的担子,啃最硬的骨头;走在前列,干在实处,以尽职尽责诠释鞠躬尽瘁。

4. 积极践行，两袖清风

廉洁自律是我们党一贯倡导的优良传统和作风，是党员干部必须具备的优良品格，也是我们党加强自身建设，克服消极因素的重要举措。国企领导干部要当好廉洁自律的模范，秉公用权、廉洁从政。习近平总书记强调："如果不坚决纠正不良风气，任其发展下去，就会像一座无形的墙把我们党和人民群众隔开，我们党就会失去根基、失去血脉、失去力量。"常言道："公生明，廉生威""得民心者得天下，失民心者失天下""水能载舟，亦能覆舟"。只有做到"两袖清风"才能在人民群众中树立权威形象，只有以身作则才能在人民群众中形成榜样力量，只有得人心才能众志成城，面对一切困难能够迎难而上，勇于作为。

3.4.3 具体步骤

1. 坚持用习近平新时代中国特色社会主义思想武装头脑

国企领导干部应该坚持用习近平新时代中国特色社会主义思想武装头脑，增强信心，增进自觉，鼓舞斗志。在国企改革的进程中，难免会遇到各种矛盾与困难，这就需要国企领导干部通过新思维、新方法去分析问题、解决问题。既要有迎难而上、勇于作为的精气神，还要有科学的方法论，才能更有效率地解决问题，带来效益的最大化。

2. 坚持求真务实的工作作风，在实践、实干、实效中履职尽责

国有企业在做大做强的过程中有新问题的时候，需要国企领

导干部敢闯敢试、敢为人先；需要在企业有矛盾的时候敢管敢抓、敢于硬碰，在企业有风险时敢作敢为、敢担责任。在实践的过程中需要脚踏实地做事，在企业发展的各个阶段面对不同问题时都能一以贯之，坚持迎难而上，勇于作为，旗帜鲜明地和不正之风做斗争，敢于较真、敢于抵制，捍卫国有企业的正能量。

3. 进一步解放思想，用新观念、新方式，创造性地推动各项工作深入开展

以学无止境的心态去学习新思想、新观念，加强专业技术能力，全面提高自身素质，提高国企领导干部的学习能力、政治能力、法治能力、业务能力等，将学习成果积极应用于实践工作当中，并在实践的过程中不断强化学习成果。在此基础上，还要有"时不我待，舍我其谁"的进取精神，面对困难能够迎难而上，面对机遇勇于作为的大无畏精神，为企业的发展赢得先机。

3.5 善于学习、奋发图强

推进国有企业学习型组织建设，是加强和改进国有企业核心竞争力，促进国有企业做大做强，实现科学发展的必然要求。

3.5.1 基本条件

1. 学习是"决定性因素"的观念

国企领导干部需要充分认识到学习是加强企业核心竞争力建

设，提升市场竞争力的重要手段。坚持学习和善于学习是党始终走在时代的前列引领企业科学发展进步的决定性因素。国企领导干部只有坚持学习，才能不断利用先进的理论知识武装自己的头脑，指导实践，推进工作。从确保企业的基业长青角度来看，企业的学习能力，决定着企业建设和科学发展的能力。只有坚持学习，才能进一步解放思想，开阔眼界，更新观念，不断提高对企业的战略规划、科学管理和创新发展的水平。确保国有企业能够有效履行新阶段的使命，面对未来可能出现的金融危机，能否将国有企业打造成学习型组织、学习型企业，直接关系到复杂环境下企业的生存能力，关系到国有企业能否做到保值和增值的最高目标。

2. 学习是"紧迫任务"的观念

当今世界正处于百年未有之大变局中，加上互联网信息的快速普及，各个领域的知识更新速度变得前所未有的迅速。人才和知识已经成为社会发展进步的第一资源，创新能力也成为驱动经济发展的最主要动力。对于国企领导干部而言，需要学习的知识比以往任何时候都要多，无论是从广度还是深度，都对国企领导干部有了更高的要求。国有企业必须适应时代的发展和变化，把学习作为企业的一项经常性工作，作为首要任务，在工作实践中，让企业的决策从依靠传统经验转变成依靠知识创新。

3. 学习是"政治责任"的观念

国企领导干部的学习不仅是自我能力的提升，更是一种政治责任。加强自身的学习，树立正确的世界观、人生观和价值观，让国企领导干部的思想理论更加成熟。只有用党的创新理论武装起来的领导干部，才有创造力、凝聚力和战斗力。国企领导干部只有持续学习、终身学习，才能迸发出无穷的创造智慧，使实践中的工作更加有时代性、规律性和富于创造性。

3.5.2 努力方向

1. 围绕理论武装，不断提升国企领导干部的政治素养

国有企业的发展，需要通过伟大旗帜凝聚人心，用中国特色社会主义理论体系武装头脑。始终坚持党的理论创新每前进一步，国企领导干部的知识理论也要跟进一步。坚持把强化精神支柱和深化理论武装结合起来，坚持把党的创新理论、社会主义核心价值观当作核心的学习内容，帮助全体国企领导干部树立正确的世界观、人生观和价值观，使社会主义核心价值观成为国企领导干部的行为准则。

2. 围绕科学发展，不断提高企业科学发展的能力和水平

国有企业建立学习型组织，必须以科学发展观作为指导，指导国有企业改革发展。国有企业应不断加强对科学发展观的内涵、精神实质和根本要求的理解，不断推进实践向广度和深度发展。国企领导干部需要结合企业生产经营的实际情况，把党的创新理论作为核心内容。在学习过程中，不断深化对现有形势下国有企业的特点和规律的认识，不断提高战略思维和科学决策能力。

3. 围绕队伍建设，不断提高队伍的知识结构和整体实力

首先是要建设学习型企业领导班子。通过理论学习与分享形成企业内部的学习文化，同时加强与清华大学、北京大学、中国社会科学院等教育科研机构的联系，办好企业高管的人员研修班；其次是建立学习型团队，结合企业自身现状，在集团大力推行 EMBA、MBA 教育，优化集团的人才队伍结构；最后是建设学习型企业。通过发挥国有企业的主体作用，充分开发企业现有的资源，开展职工培训教育，培养适应现代国企发展的员工队伍。

3.5.3 具体步骤

1. 要"愿学"

国企领导干部想要真正担负起国有资产保值增值的总目标，首先要树立终身学习的观念，通过不断的学习丰富自己的政治理论、业务知识和综合知识，提高企业经营管理的硬技能；其次要养成学习的习惯，坚持每天学习，持续学习，做到知行合一，通过学习与实践的相互促进不断进步；最后要有学无止境的信念，始终保持谦虚，保持求知欲，增强学习的紧迫感和使命感，提高经营管理的水平。

2. 要"勤学"

国企领导干部想要提高综合能力，需要持之以恒地学习。首先是有时间、有机会就学习，厚积薄发，日积月累，一定会有收获；其次是要有目标，随着互联网的发展，从没有信息到信息泛

滥，学习要有目标，有的放矢才会有更好的效果，"煮大海"的方式往往会导致什么都没有学好；最后是要有锲而不舍的精神，对于知识要有追问精神，不断深入学习，探究最本源的知识，才能成为某一领域的专家，才能更好地服务于企业。

3. 要"真学"

真学就是真心实意地渴求知识，而不是流于表面，当成一种形式。国企领导干部要能下苦功夫，把上级的精神学透，把企业的情况吃透，把员工的诉求吃透，把问题的解决办法吃透。只有抱着真心学习的心态，才会在某领域有所建树，才会成为真正的专家，才会在企业需要的时候提出真知灼见，成为问题的解决者。在学习的过程中，首先要结合企业自身情况，学习知识服务于企业，为企业的更好发展提供智力支持；其次要和实际问题相结合，带着问题去学习，在学习过程中寻求解决办法，再通过实践与理论相互认证，形成成熟的解决方案作为企业的智慧财富；最后要和个人修养相结合，除了服务于企业，还为了提高自身的品德、学识，通过学习提高个人的综合素养。

4. 要"深学"

国企领导干部学习的根本目的就是帮助企业更好地发展，为企业带来效益。首先要做到深钻细研，把企业的目标当作核心，着眼于学习内容对于企业的理论指导作用；其次要学以致用，学用相长，通过学习标杆企业，把成功经验转化为自身企业的参考方案，有机地应用到实际工作当中，丰富和拓宽国企改革的思路;最后要不断实践,总结升华。把企业改革发展中遇到的难题通过所学知识解决,举一反三,努力提升学习能力,做到学有所悟,学以见效。

5. 要"善学"

国企领导干部,就是以主人翁的心态服务于企业,哪里需要就到哪里,组织需要什么就去学习什么。国企领导干部应有针对地学习企业经营管理技能,使自己成为专业人士、内行领导。首先要善于学习理论知识,不断提升自身的专业能力,不断提高科学分析能力、理论与实际结合能力,促使企业做大做强;其次要善于管理知识,提高国企领导干部的管理水平,通过学习国内外的先进管理知识,结合企业实际情况灵活运用,不断夯实企业发展的基础;最后要善于学习业务知识,提高自身的经营水平。国企领导干部既要成为专才,还要成为通才,能够通过综合能力帮助国企实现持续发展。

3.6 开拓进取、创新发展

创新是一个国家发展的灵魂,只有不断地创新才能追上社会发展的脚步,企业和个人都是如此,对于一个企业,我们要做好改革创新工作,做好实时更新。根据市场的要求,在新常态下,对我国社会经济结构进行调整,企业实现了以注重增长质量为主的健康发展模式。企业必须要不断进行创新,只有创新才能发展下去，针对不断创新和改革过程中出现的缺点，采取可行措施加以治理，进而推动企业的健康发展与运作。同时，要加快发展一些新的方面，做到与时俱进和不断优化，促进企业产业核心竞争实力的提升，实现"兴企有为"。

3.6.1 基本条件

1. 创新有利于实现国家发展战略目标

国有企业作为保障国家安全的开拓者和引领者，通过科技创新突破前沿领域的关键技术，占领全球技术的制高点，维护国家尊严和地位，保障国家安全和稳定。通过对内外部优势资源的整合，抢占未来科技发展的制高点，实现国家创新发展战略。

习近平总书记在不同场合、不同地点多次谈到创新驱动发展战略。2013年9月底，中共中央政治局第九次集体学习首次走出中南海，把"课堂"搬到了中关村，习近平总书记关于"实施创新驱动发展战略决定着中华民族前途命运"的坚定话语，传递出中央领导坚定不移走创新驱动发展之路的决心和信心。习近平总书记出席2014年两院院士大会并发表重要讲话，其中"创新"二字被提到105次。实现创新驱动发展战略，最根本的是要增强自主创新能力，最紧迫的是要破除机制障碍，最大程度释放科技所蕴藏的潜能。

国有企业走中国特色的创新驱动之路是全面深化改革的重要切入点。全面深化改革，是为了解决当前国有经济所面临的各种问题。国有企业是我国国民经济的重要支柱，也是我国参与全球竞争的主导力量，在创新方面担负着重大的历史使命，必须在创新能力方面起到表率、引领、中坚作用。

2. 创新有利于我国经济的发展和转型升级

转型升级、提质增效是我国未来几年经济发展的重要方向。而实现从规模扩张转向高质量发展，必须通过创新来实现。国有企业作为推动我国经济转型升级的重要载体同样迎来了新的挑战与机遇。国有企业是创新的主要力量，一方面体现在企业自身要成为本行业的领导者，另一方面也需要国有企业起带头作用，带领中小企业和科研机构形成创新集群。经济转型升级是我国经济发展始终面临的课题，也是我国面临的最紧迫的任务，这关系到我国能否全面建成小康社会，能否跨过"中等收入陷阱"和进入高收入社会，关系到能否实现中华民族伟大复兴的中国梦，而这些正是国有企业义不容辞的责任和担当。

3. 有利于提升国有企业核心竞争力

国有企业的创新体制改革同样要遵循市场经济规律，创新激励和约束机制相结合，促使国有企业成为依法自主创新、自负盈亏、自担风险、自我约束的独立创新主体。推进创新绩效考核、合理拉开收入分配差距，调动创新人才的积极性。

目前，我国国有企业的发展仍然处于粗放型增长状态，高能耗、过度竞争、产能过剩的问题依然存在。随着经济的发展，市场已经从过去的供不应求变成了普遍的产能过剩，单纯地依赖国有企业的规模经济获得竞争优势已经不合时宜，提高国有企业的创新能力，形成具有差异化的竞争优势将是国有企业接下来的重要使命与任务。集中优势资源在具有战略意义的领域进行科研创新，提升国家整体竞争力，同时通过科技的外溢普惠众多中小型企业，形成科技创新集群，带动领域快速发展。

3.6.2 努力方向

1. 要和国家科技战略相结合

国有企业承担着国家发展的战略使命，应该紧跟国家目标，满足国家紧迫的战略需求领域，根据企业自身的特点，着眼高端装备制造、绿色低碳、新材料等战略新兴产业，加强核心关键技术的研究，争取在相关领域形成具有国际竞争力的重大创新成果，帮助国家实现经济新旧动能的转换。

2. 要和实体经济相结合

实体经济是一个国家竞争力的体现，也是我国发展的根本，是形成长远竞争优势的重要支撑。国有企业应该聚焦于实体经济，实体为主，金融为辅，通过科技创新提高企业的竞争力，发展高端制造、智能制造，推进相关领域的产业转型升级，把实体经济做稳、做强，扎扎实实完成"两个一百年"的奋斗目标。

3. 要和市场相结合

国有企业虽然是我国经济发展的特殊产物，但是仍要坚持市场经济。国有企业承担着国有资产保值增值的使命，如何通过市场实现这一目标是国企需要重点研究的课题。通过产品和服务在市场上赢得竞争、获得回报，而好的产品和服务来自于创新。创新需要围绕市场开展，要提高产品的附加值，而不是一味地通过价格战获得市场。只有产品的差异化才会构成企业的核心竞争力，才能从市场的被动接受者变成市场的引领者。

4. 要和科研院校相结合

科研院校是技术创新的摇篮，而企业是将科研成果商业化的载体。国有企业应当与科研院校深入合作、紧密结合。企业可以借助科研院校强大的研究能力获得技术成果，然后通过企业对市场、对消费者的深入理解形成商品，实现多方共赢。国企应当以自身为凝聚点，引领科研院校实现科技成果的转化，有效地帮助国家在关键领域实现科技创新的不断突破。

5. 要和资本市场相结合

企业的发展要以实业为根基，但是有资本市场的助力可以帮助企业更快、更好地发展。科技创新离不开投资，国有企业如何以自身为核心，推动相关领域的资本加入，推动该领域的科技创新，对于科技创新成果迅速市场化和效益化是至关重要的。

6. 要和人才队伍建设相结合

人才是未来赢得竞争的核心，科技创新的关键在于人才。国有企业既要建立一支高素质的科技人才团队，还要为科技人才提供良好的发展环境。既要有容错的体系，允许科研人员在创新过程中犯错误，还要建立合理的创新回报机制，鼓励科技人员投入创新、坚持创新，充分调动科技人员的积极性。

3.6.3 具体步骤

首先，要建立合理的创新制度，既要对科技人员在创新过程中犯的错误有足够的包容性，还要解决合理分配、实现有效激励的问题。其中最为重要的就是激励问题，由于相关法律法规的空白，如何解决创新成果的产权问题，成为激励实施的主要矛盾。在现阶段，我国面临经济结构转型的压力，根据熊彼特在《经济发展理论》中的观点，创新是实现有效增长的原因。而创新离不开人才，只有好的人才才能实现有价值的科技创新。激励又是调动科研人员能动性的关键因素，现阶段应该适当增加科研人员的回报，以换得重大领域科研成果的突破，实现国家在关键领域的竞争优势。

其次，需要根据实际情况开展投资融资、产业培育、资本整合，推动产业聚集和转型升级。通过搭建科技创新平台，以市场化的方式设立各类投资基金，鼓励更多参与者加入其中，为相关领域的科研突破提供助力。

最后，实现国有企业创新成果的扩散，扩大国有企业创新的引领作用。国有企业除了具有企业的使命，还肩负着国家使命，这就要求国有企业不能"唯利是图"，需要在一定程度上开放科研成果，让更多中小企业加入进来，促进科研技术的不断进步，进而促进整个产业快速发展。

3.7 团结协作、带动员工

国有企业要发展,仅仅依靠一个人或几个人是不行的。必须要发挥我党团结一心、共同奋斗的优良作风才能更好地实现"兴企有为"。作为党领导下的国有企业干部,应该注重团结协作,上下一心,带领全体企业员工共走"兴企"之路。团结就是力量,一个领导班子的凝聚力和战斗力的典型象征就是团结协作,要把团结协作当作国有企业的生产力来抓。并且,领导干部在干好工作的同时要牢记"从群众中来,到群众中去"的工作方法不能变。员工队伍是国有企业改革和发展的重要力量,国有企业领导干部要能够引领企业员工在企业建设道路上迎风破浪,攻坚克难。

3.7.1 基本条件

1. 具有坚定的理想信念

国有企业领导干部要做到能够团结协作,带动员工共同开创国有企业事业,首先要具备的条件就是要有坚定的理想信念。在前文我们说过,只有坚定的信念、忠诚于党才能发挥好依靠党建促发展的红色引擎,才能团结奋进、凝聚人心。习近平总书记多次强调:"一个国家,一个民族,要同心同德迈向前进,必须有共同的理想信念作支撑。"作为党领导下的国有企业领导干部，没有理想信念，理想信念不坚定，精神上就会垮掉。思想上的滑坡与动摇，是最致命的，会使人忘记企业组织的存在，忘记员工群众的存在，忘记党和国家利益的存在。而具有坚定的理想信念，国有企业领导干部才能心系企业、心系员工、心系同事，才能摆正自己的位置，团结一切可以团结的力量共同打造国有企业的未来。所以，国有企业的领导干部更应心怀坚定的理想和信念，带领企业员工团结协作。

2. 具备良好的软环境

国有企业领导干部要做到团结协作，除了坚定的理想信念外，还需要有能让领导干部带动员工的良好软环境。这个软环境不是薪水、住房和分红等物质利益环境，而是企业文化等内在精神的支撑。对于企业而言，员工的凝聚力是构成企业竞争力的关键要素。良好的企业文化有助于促进企业组织和员工间形成良好的互动关系，良好的企业文化氛围能够影响带动员工尤其是新员工一起形成合力，向企业发展的共同目标努力，提升企业竞争力。薪水的高低、物质利益的好坏并不能完全体现国有企业环境的好坏，企业积累和拥有丰厚的企业文化同样能吸引到一大批兢兢业业为之努力工作的人才，并且可以让各级国有企业领导干部团结一心努力奋斗，其重要原因在于这些软环境的吸引力。从某种意义上来说，企业文化能够在国有企业领导干部团结协作、提高员工忠诚度方面发挥不可替代的作用。

3. 弘扬精神价值观

要进一步带领员工建设国有企业，领导干部还需要在国有企业内鼓励和发扬劳模精神。劳模精神作为中华民族精神的重要组成部分，是工人阶级先进性的集中体现，是社会主义核心价值观的重大实践成果，也是代表中国特色工业文化的宝贵精神文化。通过劳模精神可以彰显奉献精神和对劳动者劳动价值的肯定，而员工也可以通过劳动模范者在社会实践中所表现出的价值观、道德观和精神风尚来激励自己。面对当前中华民族伟大复兴的历史时刻，作为国有企业领导干部更应该以民族振兴为己任，发扬勇于创新、争创一流、与时俱进的开拓进取精神。在时代变革之时，要能够经受住诱惑，淡泊名利、甘于奉献、乐于服务，将社会主义相互协作、彼此关爱的团队精神充分发挥到工作中。

3.7.2 努力方向

1. 干部服气

同样作为国有企业领导干部，要能够让其他的领导干部与自己团结协作，不单单靠理想信念，还应该具有过硬的自身条件。要能够用成绩、用担当、用努力来赢得其他领导干部的尊重，这是国有企业领导干部应该努力的方向之一。在国有企业领导干部"兴企有为"的过程中，要坚持事业为上，踏踏实实干事创业，做敢担当、善作为的人员，以实干实绩来证明自己的价值，以积极担当、奋发进取来赢得信任。国企领导干部在工作中要善于传导压力、激发动力、释放活力、改革创新,让自己在领导岗位上获得各层级领导干部的认可。

2. 群众满意

领导干部在自己的岗位上,不但要让各级领导干部满意,还要能够赢得广大员工群众的拥护。我党的根本宗旨是全心全意为人民服务,习近平总书记也提出了"以人民为中心"的发展思想。这很好地为国有企业领导干部指明了方向,就是要在发展企业的同时带领员工共同创造美好生活。要经得住员工全方位、多角度、近距离的考察,给员工足够的发展信心,并形成员工对于领导干部班子的信任和对企业的信任,让员工能够更有干劲地去推动国有企业发展。

3.7.3 具体步骤

1. 提高政治素养

首先,要以党性原则为重,加强团结协作。在团结问题上,一个人的党性原则问题将得到充分表现。领导班子成员的工作经历、认识水平、性格特征各不相同,意见相左在所难免。一个好的领导干部在这种情况下,要能够按照党章的要求,自觉加强党性修养和人格品质的锻炼培养,以高尚的人格魅力为班子营造心情舒畅的良好环境。其次,领导干部在团结协作中还要以企业利益为重。领导干部的团结协作关系到企业员工队伍的稳定,关系到企业生产任务的完成和经营目标的实现。这就要求国有企业领导干部能从企业大局出发,顾大局、识大体,能够在思想觉悟上达到共鸣,增强领导班子的凝聚力,在工作效率和决策效率上得到提升。再次,要在政治素养上形成集体荣誉感。要能够把团结协作与集体荣誉放到一起,形成领导班子的战斗堡垒作用。在个人利益、个人意愿与集体利益、集体意愿相悖的情况下,要能够充分发挥集体智慧,消除隔阂,将集体荣誉和个人荣辱结合来看待。

2. 加强企业文化建设,带动工作作风

在新时期,我国国有企业管理要建立自己优秀的企业文化,通过精神层面的丰富和提高来提升员工的认同感和归属感,激发员工的创造活力和奋斗精神,让员工能够在领导干部的带领下为国有企业的发展贡献力量。要让领导干部跟上时代的步伐,充分表现其爱岗敬业的工作态度、努力钻研的科学精神、迎难而上的开拓精神、集体攻关的协作精神和为国增光的爱国主义精神。做到企业文化与企业战略的有机融合。企业战略是企业核心竞争力的重要组成部分,将企业文化建设与企业战略相结合,也是把企业文化建设作为提升核心竞争力的重要载体。通过特色企业文化建设,增强企业向心力和员工凝聚力,让企业的现代文化价值观被全体员工所认同和接受,从而使企业文化成为一种黏合剂,把广大员工团结起来,增强企业核心竞争力。

3. 完善体制机制

要让领导干部团结协作,带动员工共同努力,国有企业领导

干部还需要致力于建设一个有效的体制机制。坚持民主集中制等党的根本组织制度和领导制度,建立健全党政领导班子议事规则。通过制度去约束领导干部的言行,以制度去协调领导干部之间的关系。在领导班子内部打造严格的工作规程,创造客观、公正的工作风气,营造民主、和谐、健康的氛围。以机制来判断国有企业领导干部的是非观念正确与否。党组织要充分参与到领导班子的重大决策的制定过程中,促进工作的规范化和制度化,既要形成领导班子团结协作的领导机制,又要形成领导班子团结协作的工作机制,还要有相应的保障机制,以此来平衡矛盾与冲突给企业发展带来的不利影响。

4. 运用正确的方法

国有企业领导干部团结协作创事业,带领员工干实业,需要采用正确的方式方法。各级领导干部都应该做到大事讲原则、小事讲风格,在相互信赖的基础上,彼此尊重、互相支持。领导干部之间在思想上要相互学习进步、政治上相互帮助、组织上相互监督、作风上相互促进、工作上相互支持、利益上相互谦让、感情上相互理解,要做到心里有企业、心里有大家、心里有方法。党政领导思想上要"同频",营造合作的氛围,同心同德,不搞私人矛盾。要能够发扬民主精神,切实做到决策民主化。领导干部要多交流思想,交换意见,沟通看法,通过集体讨论来进行重大决策。在领导干部班子建设中,还应该注重成员结构的搭配,可以进行优缺点互补,形成合力,管理"一盘棋"。领导干部要注重沟通与交换意见的作用,在必要的情况下还需要依靠组织措施来维护领导班子的团结和员工的团结性。

3.8 严于自律、刚正清廉

国有企业的廉政建设是发展的关键,现在仍有腐败现象存在,严重阻碍了企业的良性发展。因此,做好公司廉政管理是重中之重,要把廉政建设植入每一个员工的心里,同时国家和政府的有关机构也要成立相关的调查小组,对一些地区的国有企业进行定期排查,加强党风廉政建设,严格监督与管理国有企业,借助民众力量,予以严厉的打击。同时,做好奖励制度,若一个企业内部的优秀成员从进入公司以来没有出现任何违纪现象,并且勤奋工作,就要给予奖励,奖励可大可小,但是要让公司成员明白做好廉政建设会得到回报。公司对于一些违反纪律处分的员工要制定相应的惩罚机制,从通报批评到辞退等,要把纪律排在公司建设发展的前面,加强廉政建设。刚正清廉是党的事业取得胜利的重要保证。在革命战争年代,党创立的一系列纪律对党的集中领导和全党统一行动、提高党的战斗力起到了重要的保证作用,极大增强了党的凝聚力和战斗力,推动我党的革命事业不断取得伟大胜利。当前,我们党带领全国人民为实现中华民族伟大复兴的中国梦而努力奋斗。国有企业作为我国国民经济发展的中坚力量,国企领导干部只有刚正清廉、严肃纪律,才能"服人心"，才能让大家齐心协力，才能实现兴企有为。

3.8.1 基本条件

1. 要有充分的信念教育

理想信念教育是国有企业领导干部清正廉洁的基石教育，是党建工作的出发点。如果放松了理想信念教育，必然会出现党员干部的思想滑坡，不利于党员干部的思想稳定，有损于国企创新发展事业的推进。理想信念教育就是要在国有企业领导干部心中形成警钟长鸣的状态，树立时刻廉洁的意识，树立人人要清廉的意识，树立管理必清廉的意识。只有具备了这样的意识才能有进一步的指导清廉的行为。

2. 监督机制制约着权力行使

在党风廉政建设与反腐倡廉工作中，监督机制发挥着促进各项内容落实的重要作用。只有一套决策科学、执行坚决、监督有力的权力运行体系才能让权力在阳光之下运行。同时，监督机制也为国有企业领导干部廉洁自律营造了一个良好的氛围。国有企业的党风廉政建设与反腐倡廉工作是在新形势下一项必须要长期坚持的复杂而又艰巨的重要任务，必须要持之以恒地进行监督管理并形成一个良好稳定的清廉环境。

3. 国有企业各级党组织发挥作用

党领导下的国有企业领导干部要做到清廉自律，与国有企业内的党组织领导和宣传是密不可分的。党组织向来是我党动员群众、推动改革发展的坚强战斗堡垒,而在国有企业领导干部清廉自律的问题上,国有企业党组织还具有教育党员、管理党员、监督党员、组织群众、宣传群众的作用,能够在各方面更好地约束国有企业领导干部刚正清廉。

3.8.2 努力方向

1. 对于国企领导干部,首先要提高政治站位,增强自身的思想自觉

中国共产党第十八届中央委员会第六次全体会议上指出:"建设廉洁政治,坚决反对腐败,是加强和规范党内政治生活的重要任务。"从政治和全局高度提高认识,让自律和清廉建设成为推进国有企业持续健康发展的重要保障。刚正清廉不仅是"为政之本""为官之要",更是品德之基,是国有企业领导干部的政治站位问题。只有从政治和全局的高度认识到廉洁自律的重要性,才能有思想上的自觉性。这要求国有企业领导干部要能够提高认识,清楚"清廉"在中国传统文化中代表着人民的最高褒奖,在中国政治文化中"刚正廉洁"是领导干部的本色。只有清廉意识入心入脑,清廉责任担当在肩,国有企业领导干部在行事作为的时候才能让清廉文化蔚然成风,让清廉之气在国有企业内长盛不衰,才能推动国有企业持续健康的发展。

2. 完善监督机制,防范廉政风险

一是构建全面覆盖的"制度网",结合国有企业整合重组改革,对监管制度进行梳理完善,对监管工作流程进行重新构建。二是建立科学严密的"防控网",研究制定国有企业清廉建设指数体系建设标准,构建国有企业"清廉"建设工作动态图;推进国有企业纪检监察工作与企业监事会等法人治理结构有机融合,加强企业重大事项的事前研判、事中监督,发现苗头性问题灵活运用执纪"第一种形态",进行提醒谈话,防患于未然。三是打造高效动态的"信息网"。开发完善国资监管信息系统,实现企业资产管理现状、大额资金运作、重要物资采购、项目招投标等信息的实时动态监管,全面加强重要环节的风险防控能力。

3. 加强队伍管理,建设国资铁军

大力推进企业选人用人机制创新,探索建立既能为企业广纳天下英才,又能确保"忠诚干净,担当干事"的人才引进、干部选拔工作机制;加强干部日常管理,大力整治不担当不作为行为,充分发挥国有企业各级党组织的战斗堡垒和党员的先锋模范作为,为推进国有企业做优做强提供人力保障。

3.8.3 具体步骤

1. 切实把理想信念铸牢固

国有企业领导干部应坚守理想信念这条红线,刚正清廉才会自然形成思想自觉,进而成为行为自觉,而坚定的理想信念又必须建立在对马克思主义的深刻理解之上,建立在对历史的客观规律的深刻把握之上。通过从对历史、现实和未来发展的综合对

比，深刻认识中国特色社会主义的历史必然性和科学真理性，加强马克思主义思想教育和党的创新理论学习。要学好用好习近平总书记系列重要讲话，把讲话精神作为指导思想牢固树立起来，作为政治纪律和政治规矩严格要求自己。同时，还要深化学习党章的内容，从具体行为上严格要求自己。

2. 切实把"四种形态"运用好

"四种形态"是具有完整逻辑的体系，并且每种形态都有理论、制度和纪律的支撑，都是从严治党的有效武器。"四种形态"是把纪律和规矩放在前面，防微杜渐，止于初发，从源头上解决问题，具有治本的意义。

当前我国经济正处于新常态，对国有企业转型升级带来了更加严峻的挑战。这既是对国企领导干部能力水平的考验，也是提高能力水平的机遇，更是考验大家对于刚正清廉底线的守护能力。国企领导干部要把刚正清廉意识融入事业当中，在实践中养成刚正清廉的良好素养；把规矩内化为自身的行为准则，在实践的过程中实现自身能力的提高，在守规矩的前提下获得事业的成功。

3. 强化权力监督机制

国有企业领导干部要主动构建一套全方位、多层次的监督体系，利用体系优势来督促各级领导干部清廉自律，主动配合财务监督和党风廉政的监督检查，将问题放到阳光下，进一步提高个人的廉洁水平。

04
—

第 4 章

如何践行"兴企有为"

第1章是解决"兴企有为"是什么的问题。对"兴企有为"基本含义和内在规律的深刻理解可以提升我们的认知水平和思想高度，使我们能够更为全面、系统、准确地领会党和国家对国有企业领导干部的基本要求和深切期望。第2章是解决"兴企有为"为什么的问题。对国有企业使命和时代责任的正确认识可以激发我们的前进动力和创造热情，使我们能够以全球宽视野、战略大格局聚焦于特定历史发展阶段"兴企有为"的事业追求和重点内容。第3章是解决"兴企有为"有哪些基本要求的问题。对"兴企有为"基本要求的系统梳理和透彻分析可以帮助我们全面认识"兴企有为"需要具备的具体条件，找到个人努力的方向，使我们能够在"兴企"的道路上不断要求自己，不断实现对自我的超越。

我们对"兴企有为"的学习和掌握不能止步于解决"是什么""为什么"和"有哪些基本要求"的问题，还需要在企业实际运营过程中积极探索"兴企有为"的要求怎样才能得到更好地贯彻落实的问题，换句话说，就是要探索怎样才能使"兴企有为"的要求转化为通过企业运营而实际创造出真实的政治价值、经济价值和社会价值的问题。这是理论与实践相结合的问题。一方面,"兴企有为"的实践性、主动性、引领性和综合性四大运行特征要得到具体体现;另一方面,"兴企有为"的成效最终要通过经营实绩去检验。国有企业领导干部要以认知水平和思想高度为基础、以历史使命和时代责任为动力、以完善自我和创造价值为导向,将"兴企有为"落实到企业实际运营的各个具体实践环节中,以具体行动和经营实绩去实现真正的自我价值。对此,国有企业各级领导干部要紧密结合自身领导岗位的职责性质、工作任务和业务特点,大胆实践、积极创新,在特定的岗位上创造性地开创"兴企有为"的良好局面,书写"兴企有为"的壮丽诗篇。

他山之石可以攻玉,本章将以鲜活的国企案例展示如何做好"兴企有为",我们可以从案例中看到在新时代下国企领导干部通过何种方式实现"兴企有为",又如何综合体现"兴企有为"的要求,让实践中的经验提供有益的启发、借鉴。

4.1 变革发展,打造引领型企业

对国有企业领导干部"兴企有为"的最基本要求就是要忠诚于党,任事担当,充分发挥每一个人在组织中的推进作用,以党和国家的方针政策制定企业战略,进而用企业战略去统领企业发展,用企业发展去引领行业发展。

4.1.1 案例1:突破创新,实现引领

1. 案例企业背景介绍

国家电网即国家电网有限公司,是中央直接管理的国有独资公司,是以投资建设运营电网为核心业务的特大型国有重点骨干企业,承担着保障安全、经济、清洁、可持续电力供应的基本使命。1997年,国家电力公司成立;2002年,组建国家电网公司;2017年,国家电网公司由全民所有制企业整体改制为国有独资公司,名称变更为"国家电网有限公司"(以下简称国家电网)。国家电网经营区域覆盖26个省(自治区、直辖市),覆盖国土面积的88%以上,供电服务人口超过11亿人。2017年国家电网经济增加值为117.9亿元。2019年国家电网位列《财富》世界企业500强第5位。

在国家电网的发展过程中,突破创新起到了十分重要的作用。自2010年开始,国家电网以顶层设计为起点,开展调研、明确思路、设计方案,并通过试点建设逐步推进到体系建设和全面建设。国家电网的领导干部们利用企业自身资源,在与形势变革的匹配中,通过企业变革的方式推动了国家电网的发展。2011—2018年,国家电网资产规模有了阶梯式发展,资产总额从22116亿元增长到39325.2亿元,年营业收入也由16754亿元稳步升至25627亿元。从国家电网的整体数据来看,国家电网资产

规模呈现不断扩大的趋势，营业收入也呈现较好状态。从对标角度来说，国家电网的企业规模和发展态势都有很好的比照价值。

我们在这里介绍国家电网的两个具体的案例。

2. 国家电网案例一：介绍

2019年1月17日，国家电网三届四次职代会暨2019年工作会议提出：聚焦建设世界一流能源互联网企业，守正创新、担当作为，打造"枢纽型，平台型，共享型"企业，建设运营好"坚强智能电网，泛在电力物联网"，即为"三型两网"发展战略。所谓"三型"是指：要建设成枢纽型企业、平台型企业、共享型企业。其中，枢纽型企业是指充分发挥电网在能源汇集传输和转换利用中的枢纽作用，这一枢纽作用体现在电网不仅是传统意义上的发电方与用户连接的枢纽，还是包括电与冷、热、氢能、化学能等其他能源之间转换利用的枢纽。枢纽型企业体现了能源革命形势下电能日益处于中心地位的趋势，以及电能将成为各种能源转换利用的枢纽作用。可以看出国家电网枢纽型企业的定位，是在能源革命的时代背景下提出的，通过枢纽型企业的建立，国家电网很有可能在提高能源综合利用效率，促进清洁低碳、安全高效的能源体系建设方面引领行业转型升级。国家电网的平台型企业，则是指要以能源互联网为支撑，打造能源配置平台、综合服务平台和新业务、新业态、新模式培育发展平台。可见，国家电网的平台型企业目标具有明显的网络性和极强的数字经济的特征，平台型企业的搭建将十分有利于国家电网对各类资源的利用，也可以为其今后新的商业模式打下良好的基础。共享型企业是指在投资和市场开放方面，国家电网将吸引更多社会资本和各类市场主体参与能源互联网的建设和价值创造，并以此带动产业链上下游的发展。这种共享型企业也带有平台经济多边性的特征，融入了开放、合作、共赢的理念，更有利于形成以国家电网为核心的能源互联网生态圈。

"两网"指的是：要建设坚强智能电网和泛在电力物联网。其中，坚强智能电网是指以特高压、超高压为骨干网架、各级电网协调发展，具有信息化、自动化、互动化特征和智能响应能力、系统自愈能力的新型现代化电网；泛在电力物联网是指围绕电力系统各环节，充分应用移动互联、人工智能等现代信息技术、先进通信技术，实现电力系统各个环节的万物互联、人机交互，具有状态全面感知、信息高效处理、应用便捷灵活特征的智慧服务系统。"两网"是建设世界一流能源互联网企业的重要物质基础，并且这"两网"也带有明显的时代进步特征，其中智能电网和物联网都是当今技术革命的产物，将其运用到企业发展中顺应了技术发展的潮流。

国家电网的"世界一流"响应了党的十九大会议上习近平总书记提出的要"培育具有全球竞争力的世界一流企业"的号召，也是满足国有企业向高质量发展的历史要求。国家电网"世界一流"目标包括三个方面的内容：即"三个领军""三个领先""三个典范"。"三个领军"：在国际资源配置中占主导地位的领军企业;引领全球行业技术发展的领军企业;在全球产业发展中具有话语权和影响力的领军企业。"三个领先":全要素生产率和劳动生产率等效率指标领先企业;净资产收益率和资本保值增值率等效益指标领先企业;提供优质产品和服务的领先企业。"三个典范":践行新发展理念的典范企业;履行社会责任的典范企业;拥有全球知名品牌形象的典范企业。这三个方面,说明国家电网领导干部在战略目标上有着清晰的定位和努力方向,对其历史使命也有较为透彻的了解。

3. 国家电网案例一:分析

国家电网树立的战略目标是"三型两网、世界一流"。从理念上来看,国家电网在企业进行转型升级中进行了特征创新,并且用战略来引领企业发展。"三型两网"具有非常明显的互联网企业特征,说明了国家电网的转型升级是由传统的重工业企业向互联网方向发展,顺应了能源革命和数字革命融合发展的趋势。国家电网通过颠覆式创新,不但能够引领企业的快速发展,更对行业创新进行了引领,推动整体产业、行业产生变革。

通过国家电网"兴企有为"的改革之路不难发现以下几个特征:第一,实现"兴企有为"需要在党的理论指引下完成。无论其表现形式如何、实现手段如何,都是在党的号召和理论指导下进行的。第二,实现"兴企有为"的方式和手段是多样的,可以是企业架构变革、技术应用变革、企业创新转型,也可以是以战略目标为引领的企业变革。国家电网的改革之路,做到了"全局

-长远-根本"相统一,把战略思维带入企业发展之中,营造了良好的企业战略引领态势。我国经济增长的动力引擎正在更替,发展路径也在切换,产业结构从低端逐步迈向中高端,国家电网正在从变化中寻找突破着力点,从而在新的产业结构中占据优势地位。要成为引领型企业,不仅要在战略上把握方向、统领全局,还需要在企业变革中有所突破,在发展中大胆进行创新。领导干部在工作中要开拓进取,在探索具体路径方面采取行之有效的做法和举措,让企业战略真正落地,让"兴企"真正"有为"。

4. 国家电网案例二:介绍

(1) 坚持引领与变革

在国有企业的发展道路上,党的领导是必不可少的,国家电网的领导干部在落实"兴企有为"的具体实践中,党的引领作用也是其发展的"根"和"魂"。由此,国家电网提出了"人民电业为人民"的公司宗旨,并且将"构建能源互联网、保障国家能源安全、服务人民美好生活"作为公司使命。国家电网领导干部在"兴企有为"的实现路径上,以党建、党的精神和理论为引领保证了国家电网发展方向的正确性,避免了在改革过程中犯方向性错误,是建设一流企业的必然选择。

在变革方面,国家电网在2010年就开始以顶层设计为起点的管理变革,通过内涵式发展道路,不断提升企业的效率效益,构建有中国特色的现代公司治理体系。国家电网在对标世界一流企业的基础上,将管理的集约化作为变革的主线,在变革方向上选定了"规范统一、扁平高效、以客户为中心、精益智能"的道路。在组织层面上,对原有散乱的集团进行规范化管理,用制度进行约束。通过这种变革,逐渐形成国家电网集团的运作模式和统一的制度标准体系,总部的领导力、基层单位的执行力和整个企业的创新力都得到了增强,企业也更快地向数字化、精益化转型。在管控体系方面,国家电网提出了"三集五大"的现代企业管理体系。"三集"指的是人力资源管理集约化、财力资源管理集约化以及物力资源管理集约化,总的来说就是对核心资源进行集约管理。"五大"指的是大规划、大建设、大运行、大检修以及大营销,可以归纳为对核心业务的统一管控。"三集五大"遵循电网和企业的发展规律,以集约化、扁平化、专业化为方向,优化了业务流程与管理方式,将效率提升和水平提升融入变革中,通过这种途径来助力实现国有资产的保值增值。

除了管理变革外,国家电网还进行了质量变革、效率变革、动力变革,用以支撑其战略的落地。具体来说,就是在质量方面强化精准投入、精益管理、精细作业,推动公司发展方式从规模扩张型向质量效益型转变;在效率方面坚持改革、创新"双轮驱动",以供给侧结构性改革为主线,深入落实电力改革和国企改革部署,大力推进企业内部改革,破除制约公司效率提升的体制机制障碍,不断完善中国特色现代国有企业制度;在动力方面把创新作为第一动力,通过创新破解发展难题,培育核心优势,为实现基业长青源源不断地注入新动能。

国家电网领导干部依靠党的引领选择了正确路径，依靠变革落实了战略路径。经过长期的努力，国家电网 2018 年固定资产投资 5130 亿元，城市供电可靠率为 99.955%，农村供电可靠率为 99.795%。在效率上，国家电网线损率由 2011 年的 6.53% 降到 2018 年的 6.47%，输电线路长度由 65.5 万千米增加到 103.34 万千米，2018 年的全口径用工总量仍维持在 2011 年的 158 万人左右。国家电网线损率自改革后开始逐年下降，说明其效能控制水平逐年提升；在企业规模、营业规模和固定资产投资不断扩大的同时，全口径用工总量与 2011 年基本保持一致，说明国家电网集约化发挥的作用；供电可靠性则证明了国家电网专业化发展的进步。

(2) 以创新理念为服务注入动能

国网北京市电力公司（以下简称国网北京电力）是国家电网公司的子公司，其前身是 1905 年创建的京师华商电灯股份有限公司。2003 年由国家电网公司按省公司直接管理，2008 年成为独立法人企业。国网北京市电力公司下辖二级单位 31 个，包括 16 个供电公司、11 个业务支撑机构及 4 个其他单位。国网北京电力作为国家电网下辖子公司，负责北京地区 1.64 万平方公里范围内的电网规划建设、运行管理、电力销售和供电服务工作，担负着保障首都企业用电安全、助力首都企业发展的重要责任。

2018 年国网北京电力在领导干部的带领下，开启了助力小微企业获得电力的专项服务行动，即"三零"服务。"三零"服务具体来说就是"零上门、零审批、零投资",小微企业办电仅需"受理签约""施工接电"两个环节。"三零"服务采用在线验证核对电子证照,将材料审查环节前置。国网北京电力率先采用电子签名、电子合同,客户从申请报装到用电全部在线签订供用电合同即可。客户全部通过线上办理不用去营业厅,提高了办事效率。线上申请报装仅通过"掌上电力"App 即可实现,"掌上电力"App 将进行系统定位,上传装表位置,使全部信息在线上流转。同时,国网北京电力促请北京市政府将审批手续由原来的"一串四并"优化为"一窗受理+并行操作",将审批时长由 15 天压缩至 5 天,工程涉及临时占道、掘路施工等手续均由电力公司代为办理,用户总接电时长不超过 15 天。通过"三零"服务,国网北京电力代为客户节约了大量费用和时间。

通过"三零"专项服务,国网北京电力已经为近三万户小微企业提供接电服务,为客户节省投资 13.27 亿元。在 2018 年优化营商环境高级别国际研讨会上,时任世界银行行长金墉高度赞扬国家电网公司"三零"服务推动了中国获得电力改革,已成为世界范围内的改革标杆。在 2019 年 10 月 24 日,世界银行发布了《2020 年营商环境报告》,中国"获得电力"指标排名由上一年的第 14 位提升到第 12 位。由于世界银行"获得电力"指标评价只抽取北京、上海作为样本,所以"三零"专项服务作为国家电网在北京用电营商环境"样板工程"对指标的提升功不可没。由于"三零"专项服务在优化用电营商环境方面切实解决了小微企业用电难题,节省了客户办理的经济成本和时间成本,协助政府优化了营商环境,国务院办公厅在关于部分地方优化营商环境典型做法的通报中,小微企业获得电力"三零"专项服务作为五个典型经验之一在全国推广,北京市政府也将"三零"服务品牌在市政服务行业全面推广。市政服务行业内各公司努力简化、优化流程,切实降低用户成本。北京市燃气集团、北京市自来水集团、北京市排水集团相继推出了类似的"三零"服务。

"三零"服务为国网北京电力带来了荣誉和口碑,但国网北京电力领导干部并没有止步于"三零"服务,他们在"三零"服务思路的基础上经过半年多的讨论和方案完善,围绕延伸服务领域、拓展服务对象的目标推出了"三省"服务。与"三零"服务不同,"三省"服务主要面向 10 千伏高压临时用电客户,聚焦解决客户办理基建工地、农田水利、市政建设等非永久性用电过程中,手续多、资料多、时间长、成本高、用电设备利用率低等核心难题。客户选择"三省"服务后,从报装到用电"一次都不跑",电力公司安排客户经理上门服务,确认方案、选择服务等环节均可线上办理,通过"点餐式"的形式对不同类型的工程及设备进行点选租赁,使客户从工程组织中解脱出来,从前期施工到后期维护都不用操心。通过"三省"服务,客户获得电力环节的时间压缩了 50%、平均时长压缩了 70%、投资平均节省了 30%。

5. 国家电网案例二:分析

通过国家电网落实企业战略目标我们可以看出,不但"兴企有为"的表现形式是多样的，其实现的路径也是多样的。而落实实现路径关键的一点就是要将企业的情况、所处的环境、采取的方式相融合，不能将"兴企有为"的方式和环境割裂开。同时，国有企业领导干部要"兴企有为"，要在正确的方向上勇于创新、勇于变革、勇于挑战。

在"三零""三省"服务上，国网北京电力在经营理念上进行了创新，从客户的痛点和难点入手，以客户和市场为导向进行全流程的优化，并采用了线上办理的技术将服务资源向客户倾斜。充分发挥了平台效应和规模效应，使得资源配置更为有效，在提高企业经营运行效率的同时，降低了社会成本。从本案例也可以看出，领导干部实现"兴企有为"，在理念上要更贴近于市场，除了经济效益外还要考虑到社会成本和资源有效利用方面的内容，在产品和服务上下功夫，通过优化环节和流程进一步引领企业的发展。国家电网领导干部能够直面市场问题，迎难而上主动有所作为，不但解决了客户的难题，也提升了企业的效率。这种开拓进取的精神引领了企业的创新发展之路，进而助力企业实现了进步。

4.1.2 案例2：顺应趋势，创新发展

1. 案例企业背景介绍

中国石油天然气集团有限公司（以下简称中国石油）是1998年7月在原中国石油天然气总公司基础上组建的特大型石油石化

企业集团，2017年12月完成了公司制改制。中石油主要业务包括国内外石油天然气勘探开发、炼油化工、油气销售、管道运输、国际贸易、工程技术服务、工程建设、装备制造、金融服务、新能源开发等。2019年，中国石油在《财富》杂志全球500强排名中位居第四。而通过对比中国三大油企与国际三大油企发现，中国石油在市场竞争方面的油气总产量与市场销售能力需进一步加强，经营效率与投资回报率表现不佳，天然气资源潜质较为突出，但原油资源潜力较弱，且科技投入方面存在较大提升空间。作为我国国有重要骨干企业，中国石油在改革创新、战略规划方面做出了很多有益的探索。

2. 案例介绍

众所周知，我国能源行业中有三大知名油企，在我国能源发展中有着举足轻重的地位，它们作为行业翘楚在"兴企有为"中有出色的表现。下面将对中国石油与国内外知名油企进行对比性分析，以便大家更好地理解中国石油是如何战胜困境实现"兴企有为"的。

（1）知名油企对比性分析

中国油企中领军企业是三大国有油企，他们在我国石油石化工业体系中扮演着重要的角色，多年来三大油企在世界500强排名中也表现抢眼。但对中国油企与国际石油石化企业进行竞争比较时，我们可以发现中国油企距离世界先进水平存在较大差距。具体差距体现在以下几个方面：

1）市场竞争力方面

2017年雪佛龙油气总产量达2728百万桶油当量，中国石油油气总产量为1457.7百万桶油当量，埃克森美孚油气总产量为1418.7百万桶油当量，壳牌油气总产量为1206百万桶油当量，随后中国石化和中海油的油气总产量分别为720.3百万桶油当量和470.2百万桶油当量，可以看出中国石油在油气总产量上超过了其他竞争对手，但与雪佛龙的差距较大，相差将近1270百万桶油当量。

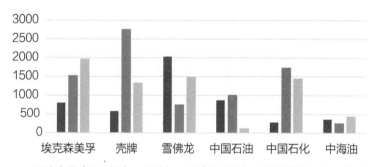

油品生产、加工及销售情况

由上图可知，在加工量及销售量上，中国石油与其他油企的差距。从石油生产、石油加工、石油销售三个维度上看，三大国际油企结构比较均衡，而我国只有中海油的上下游规模结构最为均衡，中国石油开发能力较强但销售能力比较薄弱，中国石化则侧重加工和销售两个方面。总的来看，中国石油在国际市场的竞争力方面仍有待提高，也存在较大提升空间。

2）企业经营效率方面

在与三家国家油企进行比较时我们可以发现，我国油企普遍规模较大，员工人数较多，但在净利润、人均净利润和资本回报率方面除中海油外其余两家大型中国油企均存在较大差距。中国石油和中国石化总收入均超过 2 万亿元，员工人数都超过了 40 万人，而人均净利润分别只有 4.61 万元和 20.46 万元，与三大国际油企 100 多万元的人均净利润相比差距颇大。其中，中国石油 2 万亿元的营业收入净利润仅为 227.98 亿元，人均净利润为 6 家油企最低，甚至资本回报率不足三家国内油企 6.8% 的平均值，仅为 1.91%。通过经营效率我们可以看出中国油企大而不强的特点，所以做强做优国有企业是我国油企领导干部"兴企有为"的不二选择。

3）资源潜质方面

中国石油原油储量不占优势，天然气储量以及油气替代率优势较大，油气储采比能力不佳。具体来说，三家国际油企平均原油总储量达 63.5 亿桶，原油未开发可采储量平均达 20 亿桶，而中国油企分别只有约 38 亿桶和约 13 亿桶，我国油企原油整体资源潜力较弱。三家中国油企天然气平均总储量高于三家国际油企 3.4 千亿立方英尺，达 30.4 千亿立方英尺，平均拥有可开采储量超过三家国际油企 9.5 千亿立方英尺。而在油气替代率方面，中国油企里主要是中海油表现较为抢眼，2017 年中海油储量替代率高达 305%，净产量达到 4.7 亿桶油当量。在油气储采比方面，中国石油、中国石化分别为5.9%和3.56%，远低于三家国际油企的最低值8.4%。

4）科技创新方面

目前我国在勘探开发方面已经达到世界领先水平，形成了整套的开发地质理论。但在炼油化工技术方面与世界先进水平还有10~15年以上的差距，现有技术和技术开发能力较弱，自主知识产权存在欠缺。研发投入仍然严重不足，尤其是中国石油，研发经费支出占总收入比重不足1%，而国际油企研发投入占比在4%~7%。

（2）"兴企有为"的战略定位

1）在中国石油成立之初，恰逢国际油价暴跌、石油市场供过于求。有鉴于市场环境，中国石油于2000年年初提出了"五大战略"：一是整体发展战略。充分发挥集团公司的协同效应和整体优势，股份公司和存续公司共促共进，通过共同发展增强集团公司的整体经济实力和国际市场竞争力。二是持续重组战略。股份公司搞好持续重组，存续部分搞好结构调整和优化重组。要按照有所为有所不为、有所进有所退，以及"抓大放小"的原则，突出主营业务，搞活多种经营。三是低成本发展战略。以投资收益率作为评价标准，存续部分通过降低成本不断扩大市场份额，力争用最少的投入获得最大的效益。四是技术创新战略。重视研究开发一批具有独立知识产权的专有、适用技术，广泛推广新技术、新工艺，同时要跟踪国外新技术，不断学习借鉴，提高技术创新能力，提高科技成果转化速度，缩小与国际先进水平的差距。五是国际化经营战略。在开展国内石油对外合作的同时,有计划地拓展国际石油工程、装备、劳务市场,大胆参与国际竞争,在全国增强技术水平、管理水平和综合实力。通过中国石油的战略实施,各项工作有序开展,也取得了较好的经营业绩。1998年,中国石油销售收入2703亿元,总资产5069.29亿元。2004年,中国石油实现销售收入5707亿元,资产总额超过9137亿元,在《财富》杂志世界500强的排名从2001年的第83位上升到第52位。

2) 2005年,全球石油地区性供需矛盾突出,国际油价运行区间不断升高,我国进入能源资源消费的高增长期,石油供需矛盾日趋突出;国际大石油公司的市场和技术垄断加深,一些国际石油公司积极实施跨国经营,围绕油气资源和市场的竞争更加激烈。中国石油适时调整战略,提出资源、市场、国际化三大战略:即紧抓油气资源,最大限度地获取和掌控国内、国际的油气资源;以市场需求为导向进行生产,扩大市场规模,提高公司规模实力、竞争能力和经济效益;在世界范围内捕捉发展机遇,提升资源获取能力和国际竞争力,拓展发展空间。

截至2016年,中国石油国内新增探明储量已连续10年保持$10 \times 10 \cdot$吨(1吨约等于6.29桶)当量的高位增长,石油产量超过$1.05 \times 10 \cdot$吨,连续22年保持$1 \times 10 \cdot$吨以上水平;天然气产量实现10年翻一番。国际化战略取得辉煌成果,2015年中国石油在全球38个国家管理运作90多个油气合作项目,初步建成中亚-俄罗斯、中东、美洲、非洲、亚太5个油气合作区，西北、西南、东北、海外4个跨国油气战略通道，以及亚洲、欧洲、美洲3个国际油气运营中心，形成较为完整的产业链。海外权益油气产量当量达到 7204×10·吨，国际贸易量 4.3×10·吨、贸易额1687亿美元，海外员工本土化程度达到84%。

3）随着经济进入新常态，油气供需转为宽松；低油价，石油企业生存发展面临严峻挑战；市场化步伐加快，市场主体更加多元，竞争更加激烈；能源行业呈现新趋势，新技术、新材料、"互联网＋新能源"快速发展。中国石油重新将企业战略调整为"四大战略"，即资源、市场、国际化、创新战略。其核心变化是将"创新"纳入公司的总体战略，把创新摆在发展全局的核心位置，让创新成为推动企业发展的第一动力，充分发挥科技创新的引领作用，推进理论、技术、管理、商业模式和信息化等全方位的创新，培育发展新动力，拓展发展新空间，获取发展新优势。㊀ 这"四大战略"一方面是基于中国石油自身的企业实力制定的，另一方面是根据其所处市场环境制定的。首先，中国石油的运营体量有足够的能力去推进国际化进程，能够在更广阔的市场空间中发挥更大的作用，其次中国石油又存在着资源受限、创新和市场竞争力不足的问题。同时，能源革命、企业高质量发展等国内外政策、经济环境也催动着中国石油必须在企业战略上做好规划。

㊀ 见万宏、孙仁金、帅建军、郑维静的《中国石油发展战略演进与启示》。

在 2018 年，中国石油对全集团领导干部提出了瞄准世界一流目标，坚持稳健发展方针，扎实推动中国石油高质量发展的要求。中国石油这一阶段的发展要求，是结合了它在国有经济中所处地位和行业特点得来的。而要满足这一要求，中国石油就必须实现业务发展高质量、发展动力高质量、发展基础高质量、运营水平高质量，从而达到保障国家能源安全、建设具有全球竞争力的世界一流企业的根本发展目的。对于业务高质量发展，中国石油采取完善油气两条业务链的价值链，提升清洁能源供给能力，优化投资结构和资产结构，在主营业务收入和利润稳定增长的前提下提高投资资本回报率、净资产收益率。而在动力质量方面，则进一步大力实施创新战略和人才强企战略，深化企业改革、健全现代企业制度，提高全要素生产率。对于如何提高发展基础质量，中国石油加强推进安全生产绿色发展，提高工程与产品质量，促进企业整体和谐发展。为了提高运营水平质量，中国石油在宏观形势、市场走势的分析上加强了力度，并根据情况优化资源配置，适时调整生产经营策略。

在 2019 年，中国石油在上一年发展要求的基础上，对企业如何高质量发展提出了更为明确和具体的驱动要求——科技创新。在新形势下，新一轮科技革命推动全球科技创新进入空前的活跃时期，以清洁高效、可持续为目标的能源技术正引发全球能源变革。这促使中国石油必须以更广阔的全球视野去审视未来的发展。而科技创新不但是驱动世界经济发展的重要因素，也是驱动企业在未来发展中能否占领制高点的重要因素。对此，中国石油的领导班子提出了要按照聚焦战略需求、强化原始创新、扩大开放合作、坚持人才优先的基本原则，围绕全球能源转型等重大趋势，围绕公司价值提升、突破瓶颈等重大需求，在国内勘探开发业务、海外油气投资业务、炼油化工业务、油气储运业务、工程服务和装备制造、安全生产绿色发展、网络信息技术、新能源和替代能源等重点领域，落实中央决策等重大部署，完善科技布局，强化集中攻关，实现关键领域核心技术自主可控。在详细的阶段目标上，中国石油提出了2021年全面建成国际知名创新型企业，2035年全面建成世界一流创新型企业。

通过战略上的变化和发展，中国石油有了正确的发展方向，并通过战略实施获得了良好的业绩回报。按照国际财务报告准则，中国石油2018年实现营业收入2.35万亿元，经营利润1209.97亿元，同比增长分别是16.8%和78.7%，实现每股基本盈利0.29元，同比增长0.17元，公司平均投资资本回报率呈显著回升态势。在生产加工方面，2018年中国石油实现原油产量8.9亿桶，同比增长0.4%；加工原油11.2亿桶，同比增长10.4%；生产成品油1.05亿吨，同比增长13.6%；可销售天然气产量1019.40亿立方米，同比增长5.4%；油气当量产量14.9亿桶，同比增长2.3%，其中海外油气当量产量2亿桶，同比增长7.8%，占公司总产量的13.7%。在销售方面，中国石油销售汽油、煤油、柴油共1.77亿吨，同比增长4.7%；销售天然气

2167.54亿立方米,同比增长8.9%,其中国内销售天然气1595.53亿立方米,同比增长19.6%。

3. 案例分析

根据经济周期理论,经济形势处于循环往复的波动之中,在各个发展阶段都有着不同的特征。在经济周期中,经济活动沿着经济发展的总体趋势进行有规律的变化。企业作为经济活动的主体,既对经济活动造成影响又受到经济活动的制约。企业只有充分尊重并利用经济规律,才能够在变化中得以生存和发展。国有企业领导干部必须敏锐地观察经济形势的发展变化,认清企业所处经济环境的发展阶段,针对不同的变化趋势带领企业做出正确的反应,用变革发展引领企业的持续发展,用企业的持续进步来实现"兴企有为"。

可以看到,中国石油在战略方向上与时俱进,根据不同的历史阶段、自身的历史使命、企业的发展条件而不断深化和调整。从中国石油的"五大战略"到"三大战略",再经过不断的发展、创新逐步形成了"四大战略",其战略布局最后也聚焦于科技创新驱动战略落地。这也说明了国有企业领导干部在"兴企有为"上要注意前瞻性和阶段性,要顺应趋势和潮流去让企业发展。以战略去引领企业科学发展,发挥战略的引擎作用。同时,战略的制定要审时度势,做好未来发展预判,以企业战略引领未来的市场发展。

从本案例中我们也可以发现,中国石油的领导干部能够善于把握时代变化，学习不同历史阶段经济理论的进步思想，在原有的企业蓬勃发展的基础上进一步扩大"兴企"战果，提升战略思维引领企业的发展能力。

4.2 价值创造，力求保值增值

在市场竞争中，企业带头人除了要迎难而上，还要善于学习，把握历史的脉搏，抓住机遇促进企业发展。恰逢我国国有企业改革进入新的历史阶段，国家大力推行混合所有制改革以促进国有经济健康、有序发展。如何在混改过程中推进企业发展并实现国有资产保值增值，这是广大国有企业领导干部需要认真对待的问题，也是企业历史机遇中的一个挑战。对于"兴企有为"来说，国家能源集团自身也有许多实践经验值得总结。

4.2.1 案例3：深挖潜力，有效增值

1. 案例企业背景介绍

国家能源集团全称"国家能源投资集团有限责任公司"，经党中央、国务院批准，由中国国电集团公司和神华集团有限责任公司两家世界500强企业合并重组而成，于2017年11月28日正式挂牌成立，是中央直管国有重要骨干企业、国有资本投资公司改革试点企业，在2020年世界500强企业中排名第108位。国家能源集团是新中国成立以来中央企业规模最大的一次重组成果，

是党的十九大后改革重组的第一家中央企业。拥有煤炭、火电、新能源、水电、运输、化工、科技环保、金融等8个产业板块，是全球最大的煤炭生产公司、火力发电公司、风力发电公司和煤制油煤化工公司。

国电天唯康保风能有限公司（以下简称天唯康保）是由国电电力河北新能源开发有限公司（以下简称河北新能源）与河北天唯投资集团（以下简称河北天唯）共同出资成立，注册资本金为30000万元，双方持股比例分别为51%与49%。国电天唯康保风电场自建成以来获得了多项荣誉与收益。2013年被国家能源局授予"电力安全生产标准化一级企业"称号。天唯康保运营的康保风电项目一期49.5兆瓦项目于2012年并网发电，当年就获得了1200多万元的利润。2013年，康保风电场二期、三期的两个49.5兆瓦项目陆续投产。

2. 案例介绍

在2013年，由于张家口风电规模增长过于迅猛，风电生产超出当地消纳能力，有近100万千瓦风电面临无网可并、无路可走的境地，风电公司只能选择限电。面临这种情况，河北新能源在提升机组性能和优化控制策略上加大研究力度，研发单机管理系统，加强风电场单机的监控和管理，加强对设备的分析和预测，及时发现设备的隐形缺陷，提高设备的可利用率，从而提高设备的健康水平；推行智能化巡检，加强机组的状态分析和状态监测，逐步实现集控系统对风电场数据的自动统计、分析、预测,有效挖掘风机的隐性损失,将设备隐患消除在萌芽状态;狠抓非停,举办长周期无非停竞赛,采取严格的奖惩措施,从而实现了机组长周期无非停运行;研究风速、风向的变化特点和规律,制定风电机组的控制策略,在风机运转时,通过对风机转速、功率、转矩的不断配比和调整,找到最大限度捕获风能并保证风机安全运行的界点;通过减缓顺变载荷、高频载荷以及避免共振,防止风机转换系统承受过高机械载荷;通过对单台风机的功率因数进行控制、消除谐波等措施使发电量满足电网的电能质量标准,达到优化风电机组的控制策略的目标。各项举措使得项目利润从2013年的470万元上升到1320万元。在后面的营销以及管理上,河北新能源再接再厉,项目利润也逐年升高,到2015年实现利润4448万元。

经过多年的精心培育,天唯康保成为河北新能源乃至国电电力盈利性最强的项目。据统计,自2012年项目投产以来,天唯康保共完成利润8.12亿元,累计向国电电力贡献利润4.93亿元。随着提质增效的开展,河北新能源想方设法提高项目对国电电力的利润贡献。河北新能源基于未来收益测算和依法治企,抓住康保五福堂项目建设增资机遇,与河北天唯就增资事宜进行了数轮艰苦谈判和友好协商。针对增资问题,河北新能源组织成立了以总经理为组长的专项工作组。在增资方案研究的过程中,先后遇到增资额度和股权比例的确定、资金注入时间点的选择、账务处理方式、法律文书的编制起草以及工商变更登记资料的申报等多个问题。在国电电力新能源事业部、财务产权部、法律事务与信息管理部、证券融资部及有关律师的帮助和指导下,河北新能源与河北天唯以防范风险、防范违规为前提,以《公司法》和公司章程为基础,就河北新能源单方面增资达成了共识。由此,河北新能源认购缴纳 7604 万元股权增资款,持股比例由原来的 51% 上升到 62.46%。根据测算,此次增资将为河北新能源增加 2.9 亿元收益。

3. 案例分析

国有资产保值增值是国有企业可持续发展的前提,是中央企业的重大政治责任和历史责任。天唯康保从技术与管理上夯实企业自身实力,突破了市场和技术限制,挖掘经营潜力、提高经营效益、提升企业价值,为企业长远发展创造了源源不断的动力。在科学的管理下,天唯康保提高了内生性价值创造能力,把经济效益与社会效益的"量"落到了企业发展的"质"上,发挥出企业蕴藏的经营潜能,真正实现了强化价值创造的"兴企有为"。

在实现国有企业保值增值的过程中,要注意国有企业的特殊属性与现代公司基本属性的有机统一,不能以偏概全只关注国有企业某一方面的属性特征。从企业属性角度看,国有企业追求经济效益是其经济属性的典型表现,也是其本质需求。而经济效益的提高,一方面可以通过现代企业管理制度的应用、技术手段的提高来实现,另一方面可以通过发挥资本优势,以公司治理结构的优化调整来实现。

国有企业领导干部面临市场竞争不但要有所作为，在公司治理方面也要能够抓住时机和机遇，在混合所有制改革的政策下，合理、合法地利用现代企业制度去争取国有企业利益，来实现保值增值的任务和目的。天唯康保的增资举措，不但符合国家法律程序，也顺应新时代经济形势下国企改革的趋势。通过对优质项目的增资，不但有利于增强项目的可持续价值创造能力，而且可以通过国有资本的注入进一步强化项目管控，规避经营、管控中的多重风险，维护来之不易的经营成果，保障项目更为长远的健康运作。

通过天唯康保项目我们可以清晰地看到，国有企业领导干部通过强化价值创造实现"兴企有为"不仅要看到企业经营中的具体问题，也要看到企业发展中的长远问题。要能够从宏观着眼，从微观入手，将大局观落实到每一项企业活动中，让内生性价值创造能力真正发挥效用。

企业在强化价值创造时最容易受到物质利益的诱惑，而在天唯康保项目上，国家能源集团领导干部全心全意为企业发展着想，为企业争取每一分利益，各部门团结协作，通过共同的努力完成了企业增资。这既是严于自律的体现，也表现出了集团领导干部个人能力凝结为组织能力的团结力量。

4.2.2 案例4：变革发展，提"质"增"量"

1. 案例企业背景介绍

国家电力投资集团有限公司（以下简称国家电投）成立于

2015年，由原中国电力投资集团公司与国家核电技术公司重组建成，是中央直接管理的特大型国有重要骨干企业。国家电投拥有核电、火电、水电、风电、光伏发电等全部发电类型，连续7年登上世界500强企业榜单，全球最大光伏发电企业。电力总装机容量1.45亿千瓦，包括：火电7933万千瓦、水电2298万千瓦、核电698万千瓦、太阳能发电1662万千瓦、风电1799万千瓦，在全部电力装机容量中清洁能源的比重占50.14%，清洁能源首次超过煤电装机规模。国家电投年发电量4980亿千瓦时，年供热量1.71亿吉焦，拥有煤炭产能8059万吨，电解铝产能251.4万吨，铁路运营里程627公里。

国家电投集团黄河上游水电开发有限责任公司（以下简称黄河公司）为国家电投下属公司，发电总装机规模占青海省的比重高达58%，发电量的占比达71%，是中国北方最大的水力发电企业。同时，黄河公司享有黄河上游流域水电开发权，此流域内峡谷广布、落差大，蕴藏着丰富的水能资源，拥有超千万千瓦级优质稀缺水电资产。其光伏电站装机规模已突破400万千瓦，是国内最大的光伏电站运营商之一，且拥有电池组件研发生产能力，已获得海南州超400万千瓦清洁能源项目的开发资质。

2. 案例介绍

在2019年12月16日，国家电投宣布将对黄河公司进行混合所有制改革。此次混改释放了35%股权，引入了8家战略投资人，募集资金242亿元，这是国家电投乃至五大发电集团最大规模的股权融资项目，也是央企通过产权市场完成的最大混改引入战略项目。此次黄河公司混改引入的8家战略投资人包括中国人寿、工商银行、农业银行、中国国新、国投集团、浙能集团、云南能投及中信证券。这一混改举措将对国家电投有三大利好。

第一，此次混合所有制改革，将为黄河公司带来新的动能。黄河公司作为国家电投的优质项目，外部资本注入混合所有制改革中来将激发企业的发展新动能。同时，清洁能源产业是重资产业务，要满足产业资金需求，国家电投必须要与资本市场接轨，引进市场机制，提升运营效率。更为重要的是，通过改革黄河公司将引入"新机制"，董事会、经营管理班子、公司制架构等方面都将面临进一步规范。

第二，改革将成为新引擎助推企业高质量发展。国家电投目前处于高速增长阶段，其2019年营业收入增速达到26%，新能源板块贡献利润占比为51%。通过此次混改，黄河公司将进一步发挥其全球最大光伏电站运营商和中国北方最大的水力发电企业的优势，利用外部资本和体制改革推动其保持良好的竞争态势，在清洁能源领域的快车道上进一步发展。

第三，国家电投能够利用黄河公司混改的契机进一步优化产业布局，优化资产配置。在新一轮国企改革和全球能源革命中，资源整合是十分重要的环节。国家电投以黄河公司为平台，加快内外部区域优质清洁能源的资产整合。混改完成后，黄河公司的辐射范围将涉及北方的板块，国家电投也将利用此次机会完成内部重组。除此之外,混改将进一步实现国家电投的整体战略,采用市场化的方式逐步整合其他区域优质清洁能源到这个清洁能源的产业平台上来,从而优化国家电投的产业布局。

3. 案例分析

国家电投此次的混合所有制改革是一次大胆的尝试,无论是改革涉及的资金规模,还是改革的深远影响,都可谓意义重大。首先,从改革的规模上来说,这是国有企业改革的一个突破,企业内部及外部都会获得较多关注,使得项目本身成为名片,无形中推动了此次混改的前进。其次,引入多家有实力的战略投资者的背后是资本的力量在进一步发挥作用,也是价值管理机制在发挥作用。黄河公司通过此次混改将更加发挥市场在资源配置中起到的决定性作用,从内在价值中激活企业的运营机制,从外在价值的角度上扩大企业的影响力。

从此案例中可以看出,国家电投的领导干部在国家方针政策的指引下,顺应百年大变局以及国有企业改革要求的背景下为实现"兴企有为"的目标,大胆突破、勇于探索的精神。通过体制改革,国家电投不但增强了企业的实力,更增加了企业的社会影响力,不但能够促进企业"量"的提升,更能在"质"上有所突破。

国家电投有如此大的改革动作,领导干部们承担的压力可想而知,勇于担当的信念、奋发有为的精神保证了改革的最终胜利。这也正是国有企业领导干部在工作中要培养的坚定信念和担当精神。

4.3 文化传承，凝结精神内核

在企业发展中，企业精神传承不但有着时代的烙印，更代表着企业发展的动力。良好的企业精神可以有效地塑造企业形象，发挥其特有的导向、凝聚、教育和约束作用，帮助企业在竞争日益激烈的市场中占据一席之地。一个有传承的企业精神可以促使企业员工把自己的切身利益同企业的生存和发展紧密联系在一起，热爱企业。通过凝结企业的精神内核，可以帮助国有企业领导干部实现"兴企有为"。

案例 5：秉承历史，凝神聚力

1. 案例企业背景介绍

陕西煤业化工集团有限责任公司（以下简称陕煤集团）是陕西省能源化工产业的骨干企业，也是省内煤炭大基地开发建设的主体。2019 年，陕煤集团全年煤炭产量 1.76 亿吨，化工产品产量 1770 万吨，粗钢产量 1240 万吨，水泥产量 740 万吨；实现营业收入 3025 亿元，利润总额 155 亿元；于 2015 年首次进入《财富》世界 500 强榜单，连续 6 年入榜，排名稳步提升，2020 年位列世界 500 强榜单第 273 位。

黄陵矿业集团有限责任公司（以下简称黄陵矿业）是陕煤集团所属大型现代化核心企业，位于陕西省延安市黄陵县店头镇，是国家"八五"重点建设项目,20项兴陕工程之一。公司始建于1989年9月,现已成为煤、电、路、建筑建材、生态农业等产业多元互补、循环发展的大型现代能源化工企业。近年来,黄陵矿业先后获得中国工业大奖、全国文明单位、全国五一劳动奖状、全国企业文化示范基地等荣誉。

2. 案例介绍

1989年,伴随着改革开放的春风,作为国家"八五"重点项目、20项兴陕工程之一,黄陵矿业人从一片河滩地里艰难起家,栉风沐雨、披星戴月,从建设初期的征地、改河、四通一平到一号煤矿及选煤厂的相继建成落地,经受住了投资中断、项目停缓建、透水事故等严峻考验直到一号煤矿年产100万吨阶段性达产验收,结束了长达12年的建设历程,实现了由基建向生产的转型。黄陵矿区规划设计早,建设周期长,发展道路曲折,作为陕西省实施北移战略的先行者、探索者和实践者,依靠着自身的不服输精神,建起了一座现代化能源企业。

在企业的后续发展中,黄陵矿业按照"融入中心、嵌入管理、发挥作用"的党建工作思路,创新推行"党建+3+X"的工作模式,将党的建设融入安全、生产、经营等重点工作中,推进党建工作与企业中心工作相融互动、同频共振;同时,全面规范和加强新形势下基层党支部的工作,根据《中国共产党支部工作条例(试行)》中党内有关规定等制度,按照支部班子建设、支部阵地建设、支部制度建设、支部工作流程、支部活动组织五个标准化要求,结合基层创新实践,扎实推进党支部的标准化建设。在从严治党的过程中,创新探索实践教育讲廉、勤政助廉、防控保廉、公开促廉、道德育廉的"五位一体"廉政文化建设模式,6个廉政文化教育基地相继建成,营造企业和谐健康的发展环境。2018年,公司被陕西省纪委评为省级廉政文化示范点。

同时,黄陵矿业始终围绕"营造良好环境、丰富职工精神生活"这一中心,不断推进便民、利民、惠民工程的实施,高标准修建了单身公寓、大学生公寓以及34栋住宅楼,设立廉租房180余套;配套建设了文体中心、矿山公园、职工食堂、绿色果蔬超市、生活精品超市、矿区共享单车等惠民项目;安装照明设施300余套、铺设矿区主干道2.3公里、解决道路积水问题;解决职工后顾之忧,丰富职工文化生活,实现了职工行有车、住有房、乐有场的梦想,激发了广大干部职工的自豪感和归属感,使大家切身感受"家"的温暖。深入开展以"诚、善、孝、贤"为核心的社会公德、职业道德、家庭美德、个人品德的"四德"教育,先后表彰了感动矿区十大人物、道德模范、最美员工等,以身边的事教育身边的人,推动形成了知荣辱、扬正气、促和谐的矿区文明新风尚。在社会主义核心价值观的感召下,矿区孝老爱亲、敬业奉献的精神相沿成习,助人为乐、扶贫济困蔚然成风,先后涌现出全国劳动模范曲志欣、全国道德模范张红萍、全国能源地质大国工匠符大利等一大批先进人物,形成了良好的价值导向。

在企业经营中，黄陵矿业始终坚持诚信经营，生产标准化煤炭产品，开展了增品种、提品质、创品牌的"三品建设"，"黄灵一号"和"黄灵"煤两个品牌被评为陕西省名牌产品，被国内多家电厂列为免检产品，成为用户信得过的金字招牌。公司坚持诚信纳税，先后获得全国职工职业道德建设标兵单位、全国文明诚信窗口、中国诚信经营示范单位、中国消费者协会质量信誉双满意单位等荣誉，"黄陵煤温暖华夏五千年"已成为金字招牌，享誉行业内外。

3. 案例分析

一般来说，企业文化分为三个层面构成：其一，"硬文化"，即表面的物质层面文化；其二，中间的制度层面文化，以领导体制、人际关系以及各项规章制度和纪律等为主；其三，核心的精神层面文化，包括各种行为规范、价值观念、企业的群体意识、职工素质和优良传统等。通过黄陵矿业的案例，可以看出企业以社会主义核心价值观作为发展的精神内核，不断地指导企业的经营实践。在企业初期，黄陵矿业发扬自力更生、艰苦奋斗的精神，完成了企业早期发展的基础建设。这一阶段，企业完成了基础的精神锤炼，并在企业"硬文化"上完成了基础性积累。这种精神内涵是在党的领导下建立的，继承了党的拼搏奋斗作风，是一种由内而外的精神传承。在发展中，黄陵矿业坚持理论联系实际、不断开拓创新的精神，牢记使命，用党的建设引领高质量发展，提升员工的幸福指数，进一步凝聚企业精神，并将此精神进一步体现在产品与服务上面。通过党的精神指引,黄陵矿业的制度不断完善,更加贴近市场,满足市场经济下现代企业管理要求,完善了中间层面的企业文化建设。而精神层面的企业文化则是自企业创设之初便随着企业的成长,在企业发展史中保持了红色基因,助力了企业的发展。

企业精神本质上是一种价值体系,是用以指导企业开展生产经营活动的各种行为规范、群体意识和价值观念。黄陵矿业在发展和管理过程中的一系列动作都是内在企业精神的体现,也就是说黄陵矿业的企业精神是蕴含在其独特的、鲜明的经营思想和个性风格中的,反映着企业的信念和追求,是企业群体意识的集中体现。企业精神文化代表着企业广大员工在工作财富最大化方面的共同追求,因而同样可以达到激发员工工作动机的激励功能,它包括企业哲学、企业精神、企业经营宗旨、企业价值观、企业经营理念、企业作风、企业伦理准则等内容,是企业意识形态的总和。

领导干部"兴企有为"要让企业"长兴"方为"有为",兴企这一精神主线要依靠企业文化的不断传承才能持续,而企业文化又需要对企业精神不断提炼,最终以企业内在的精神内核来丰富和升华。虽然企业文化会随着时代发展而显现出不同的特征,但黄陵矿业的社会主义核心价值观的精神内核是一直伴随着企业成长的,这主要得益于企业在发展中紧随党和国家的步伐,学习、领会、贯彻各项指导方针的结果。所以,国有企业领导干部在企业发展和建设的过程中,应时刻注意企业精神层面的建设是否符合党和国家的大政方针,能否充分领会党和国家各项政策的战略意图,在执行中是否能够执行到位、执行彻底。从企业组织内部,企业精神的内核要能够贯穿各个层级,实现企业内部的全覆盖。从时代的角度看,企业精神的内核要在党的引导下不断丰富,实现代际传承。

4.4 国企担当,践行社会责任

国有企业作为大国重器,承担的是社会经济发展的"顶梁柱"的作用,在国家经济社会的方方面面都有着国有企业的身影。无论是一次次面对重大自然灾害的挺身而出,还是脱贫攻坚中的慷慨帮扶,都体现了国有企业的担当精神,也证明了国有企业在助力社会经济发展、践行社会责任上是党和国家最可信赖的依靠力量。

案例 6:决战决胜脱贫攻坚战

1. 案例背景介绍

2015 年,中共中央总书记、国家主席、中央军委主席习近平在中央扶贫开发工作会议上强调,消除贫困、改善民生、逐步实现共同富裕,是社会主义的本质要求,是我们党的重要使命。全面建成小康社会,是我们对中国人民的庄严承诺。脱贫攻坚战的冲锋号已经吹响。我们要立下愚公移山志，咬定目标、苦干实干，坚决打赢脱贫攻坚战，确保到 2020 年所有贫困地区和贫困人口一道迈入全面小康社会。2020 年，国务院总理李克强在发布的《2020 年国务院政府工作报告》中提出，2020 年要优先稳就业保民生，坚决打赢脱贫攻坚战，努力实现全面建成小康社会目标任务。

2. 案例介绍

近年来，国家能源集团始终将精准扶贫工作作为重中之重，开展了教育、健康、民生、产业、生态、培训、消费、党建、就业等一系列扶贫工作。2017～2019 年，国家能源集团连续在中央单位定点扶贫工作成效考核中获得"好"的最高等次评价。

在贫困地区教育援助方面，国家能源集团对多个贫困地区进行了援建及帮助。其中，援建的普格县株木树小学，计划总投资为 2950 万元，是目前普格教育领域投资最大的社会扶贫项目。在西藏那曲聂荣县，国家能源集团援建了县希望小学和县幼儿园，积极建设了"智慧黑板""录播教室""空中课堂"等现代化教学设施。在四川省最为偏远和艰苦的深度贫困县——布拖县，国家能源集团投入近 1500 万元新建阿布泽鲁小学，为全县残疾儿童、失依儿童、留守儿童等特殊困难儿童及贫困家庭子女提供了一个学习生活的新家园和梦想启航的大本营。据统计，2019 年，国家能源集团在教育扶贫方面共投入资金 10324 万元，帮助贫困人口 9980 人，援建 15 所学校。在 9 个县设立职工爱心助学基金，资助贫困学生及优秀教师。

在创新扶贫方面，国家能源集团进行生态扶贫，在保护国家生态的同时解决贫困问题。青海曲麻莱县地处三江源核心保护区和世界自然遗产可可西里国家级自然保护区。近年来，受超载过牧、鼠害泛滥等因素影响，黄河源头核心区域草场大面积退化，引发草地生态系统的自我调节能力弱化。国家能源集团与曲麻莱县委县政府多次交流研讨，设计了黄河源头核心区 15 万亩草场禁牧工程方案。为解决搬出牧民的生产生活问题，国家能源集团安排专项扶贫资金，租赁了约 10 万亩草场，以草场流转的方式帮助牧民异地建设暖棚、机井等基础设施，成立合作社统一养殖安置从禁牧区迁出的牛羊。此外，为牧民发放禁牧补贴，选聘当地 162 名贫困户担任生态管护员和合作社牧工。搬迁后的牧民家庭人均年收入超过 5000 元，有效实现了生态恢复、牧业增效、牧民增收。2019 年，国家能源集团共投入生态扶贫资金 1630 万元。其中，在曲麻莱县黄河源头生态保护项目上共投入 1450 万元。

在产业扶贫方面，国家能源集团不断发展优质产业，帮助贫困地区强化"造血功能"。在国家扶贫开发工作重点县和国家级革命老区，国家能源集团抓准内蒙古宁城县的气候优势，建设农作物大棚项目。2018 年投资 1000 万元援建占地 500 余亩的大双庙镇日光温室扶贫产业园示范项目，培育推广特色农产品，帮助当地 138 户、464 人实现了增收。2019 年 8 月，国家能源集团再次投入1000万元，启动了占地300亩的全新园区项目建设。同时，国家能源集团积极拓展扶贫产品销路。2019年，国家能源集团购买贫困地区农产品金额达7002万元，帮助销售贫困地区农产品金额达686万元。为拓宽销售渠道，降低销售成本，国家能源集团建立了"国家能源扶贫公益平台"和"国家能源慧采商城扶贫电商平台"，注册人数近27万人，累计购买贫困地区农产品1.22亿元，购买定点扶贫县和湖北省滞销农产品6600余万元。并且，国家能源集团结合企业自身优势，在山西右玉县投入1000万元无偿援建两座总容量1.49兆瓦的村级光伏扶贫电站。在运营期内，光伏电站预计年电费收入约150万元，可带动400户以上深度贫困户实现长期稳定增收、812人成功脱贫。

3. 案例分析

企业社会责任理念由安德鲁·卡内基于1899年提出，其后西方学者进行了长期的理论研究㊀。对于企业履行社会责任的问题，国际上普遍认为企业应该在创造利润、对股东利益负责的同时，进一步承担对员工、对社会和环境的社会责任。这其中包括，企业要遵守商业道德、保证生产安全、注重职业健康、保护劳动者的合法权益、节约资源、热心社会公益事业、帮助弱势群体等。国家能源集团在"兴企"的同时，能够不忘使命，以践行社会责任做到"有为"，在教育、环境、扶贫上回报社会。

㊀ 见徐传谌、邹俊的《国有企业与民营企业社会责任的比较研究》。

在案例中，尤为值得称道的是，国家能源集团不仅从物质层面进行扶贫帮困，更是从精神层面进行了扶贫帮困。相比较而言，如果企业只是在物质方面提供帮助，往往都是治标不治本，很难达到长久的效果。而在精神层面的励志益智，不但治标还可治本，能够在深层次的精神领域予以帮扶。在新时代，扶贫帮困仍需秉持历史唯物主义的观点，将精神文明建设与物质文明建设相结合，打破精神贫困的枷锁，调动贫困人口的主观能动性与主体创造性，深挖贫困地区的经济潜力。从国家能源的教育帮扶上，以普及教育提升当地人民的基础文化素质，让贫困人口更有机会享受公平教育。此外，国家能源集团创新地将教育与扶贫结合、将环保与扶贫结合、将产业与扶贫结合，不但获得了社会效益还获得了经济效益；不仅是物质上的脱贫，还通过帮助贫困人口摆脱意识和思路上的贫困，进而改变贫困人口的生产生活方式。这些大胆突破既是扶贫脱困上的思维创新，更是企业领导干部任事担当、勇于作为的精神体现，也是时代使命感的体现。

自古以来，贫困都会导致很多社会矛盾与问题的产生，是国家发展的重要障碍。为了让人民获得幸福生活，消除贫困是一个国家发展的重要任务。从我国的社会体制来说，全面消除贫困是社会主义的本质要求，是中国共产党的重要使命，是中国特色社会主义制度优越性的体现，是全面建设小康社会的目标要求，顺应了中国经济社会的发展趋势，符合广大人民群众的期待。从案例中我们不难发现，国家能源集团能够着眼于国家和人民的需求，充分发挥企业的能动性，勇于担当国企的社会责任。通过教育扶贫、生态扶贫、产业扶贫，践行企业的社会责任，实现了扶贫工作的结合创新，在精神内核上与党和政府保持一致，在新常态下与社会经济的发展基调相协调。

4.5 科技赋能，铸就国企典范

科学技术的发展不断颠覆着人们对商业社会的认知，物联网、大数据、云计算、移动互联网、人工智能、区块链、量子计算等数字化、信息化技术手段也在改变着企业、行业的面貌。利用这些新科技手段对传统的行业、业务、管理进行赋能性改造或变革，让企业焕发出新的时代生命力，成为新时代下科技创新的楷模，是当前"兴企有为"的重要路径。

案例7：新时代的国企典范

1. 案例背景介绍

2020年的新冠肺炎疫情让世界各国都进入了战疫行列。我国通过积极防控，疫情渐入平稳状态。在疫情得到有效控制之后，我国开始积极推进复工复产的工作。党和国家明确指出复工复产是化解疫情不利影响、保持经济社会平稳有序发展的关键。

在国家政策的引导下，国有企业不忘使命、勇于担当，在抗击疫情、助力社会发展方面做出了巨大贡献。各大国有企业在国务院国资委的统一指导下,深入贯彻党中央、国务院的决策部署,集中精力进行科研攻关工作,大力推动大数据、云计算、5G、人工智能技术的投入助力复工复产,着力促进数字经济和实体经济的深度融合,加快改造、提升传统产业,培育壮大新兴产业,努力实现高质量发展。

2. 案例介绍

从本次疫情应对来看,以大数据、人工智能、云计算、移动互联网为代表的数字科技在疫情防控中发挥了重要作用。中国电科研发并上线了"一网畅行"疫情防控与复工复产大数据系统,可以进行未来十天的确诊病例预测;中国电信基于移动用户与基站的交互实现清单级监测,可以进行人口流动大数据分析的支撑服务;国家电网研发的"电力大数据+社区网格化"算法,可以精准判断出区域内人员日流动量和分布;国投智能旗下的美亚柏科帮助执法部门建设城市公共安全管理平台,提供疑似病例的交通、住宿等信息。这些国有企业都是在国家政策的指引下,充分利用数字技术去解决"预测有据、防控有迹"的防疫工作痛点。正是这些国有企业凭借担当精神,利用技术进步,不但帮助企业成为"抗疫"典范,也帮助国家成为"抗疫"典范。

同样,国家能源集团在抗击疫情期间也发挥了自身特点,集中优势力量解决关键问题,在抓好疫情防控各项工作的同时,以科技为支撑,精心组织生产,全力以赴攻坚克难。一方面,国家能源集团积极履行社会责任,累计向湖北省捐赠资金6200万元

（截至2020年2月4日），助力疫情防控；另一方面，稳步推进智慧企业建设工作，充分利用新的信息技术，以全面感知、全面数字、全面互联、全面智能为主攻方向，将智能化充分应用到煤炭、火电、水电、运输、化工等产业，建设了集中统一的各类管理信息系统，实现了运营数字化、生产智能化、管理智慧化。

在"智能化"煤炭发展方向上，国家能源集团领导干部勇于开拓创新，群策群力，在神东上湾煤矿建成了世界上唯一一个"8.8米智能超大采高综采成套装备"，在神东锦界煤矿安装应用了世界首套纯水环保支架，建成投运了国内首个数字矿山示范矿井及世界首个智能煤矿地面区域控制指挥中心。在神东煤炭智能化探索中，按岗位定制的智能工作平台，能够实现一键启停、无人值守；煤壁上安装的各种传感器，涉及人员定位安全系统、调度通信系统、皮带计量系统等几十个软件系统；洗煤厂、装车站全部建成国际先进水平的综合自动化控制系统，实现远程控制、监测和故障诊断。这些积极探索，融入了互联网、大数据、人工智能等先进技术，为煤炭企业乃至煤炭行业"智能化"发展做出了范例。

在"智能化"电厂方面，国家能源集团的宁东发电公司宁夏方家庄电厂成为全国首座数字化智能管控系统与机组同时投产的绿色智慧型百万千瓦间接空冷机组，它也是世界首批百万千瓦级间接空冷电站之一。该项目实现投产即同步建成智能火电管控中心，搭建了智能发电和智慧管理两个平台。同时将"互联网+"

的概念引入建设中,通过现场总线、3D可视化管理、智能设备及SIS+MIS信息系统一体化平台等应用,提高办公效率。电厂环保指标实现超低排放并均优于国家相关标准。除此之外,国家能源集团国华电力建成覆盖24个电厂的工业互联网,通过对数据的"存储、整合、建模、分析"来解决电厂、系统之间的数据孤岛问题。这一平台是火电行业内首个完整的集成了云服务模式、微应用框架、大数据处理、边缘计算及火电行业大数据分析应用的平台,能为发电企业提供全生命周期的生产、经营、管理、决策支持等服务。北京燃气热电智慧电厂则是国内智能化程度最高、用人最少、近零排放的智能生态电厂,实现了"一控三中心、30人"的运营模式,按岗位定制智能工作平台,实现一键启停、无人值守、全员值班、一体化集成、三维展示、智能巡检等关键应用,并获得了中国电力科技进步一等奖。

在水电方面,国家能源集团大渡河公司研发投运了大渡河疫情智能防控平台,发挥远程调度、智能巡检、应急联动、状态感知等成套创新技术的关键作用,运用智能化技术深化防疫保电,实现互联互通、云端协同,近千万水电装机实现智能自主运行,确保了疫情防控与复产复工两不误。在疫情防控取得一定成果的背景下,大渡河公司又积极全面推进大渡河双江口水电工程的复工建设,这座智慧水电站坝高超过300米,建成后将成为世界最高坝。

在交通运输产业上,国家能源集团也响应国家《数字交通发展规划纲要》的要求，积极探索数字化、智能化的运输模式。在全球，首次将LTE的第四代移动通信技术应用于重载铁路，填补了国内行业空白，这也标志着我国重载铁路发展迈入了智能化的新阶段。这一技术能够提供可靠的无线宽带通信，从而确保智能驾驶重载列车的安全、稳定、可视化视频调度。除铁路运输上国家能源集团进行了智能化变革，在自有的黄骅港港口管理上，也不断探索智能化管理的道路。目前，黄骅港拥有一套集成可视化系统、监测预警系统、应急处置系统的远程装船控制方案，成为我国首个实现全流程远程作业的煤炭港口，也为中国未来煤炭港口及散货港口建设提供了"智能方案"。通过智能化系统，黄骅港在装卸效率、安全管理、智能化建设等方面具备了突出优势，中国煤炭港口智能化水平也进入了全新时代。

3. 案例分析

典范，顾名思义，具有楷模、模范、榜样等意思，是指可以作为学习、仿效标准的人或事物。新冠肺炎疫情袭扰，对世界各国来说都是一场重大考验。我国政府面对汹涌的疫情，积极防控、勇于斗争，全面动员、全面部署，举全国之力构建成了严密的疫情防控战线。在疫情形势趋缓后，党和国家快速调整策略，在做好疫情防控的同时建设与之相适应的经济社会运行秩序，统筹推进疫情防控、复工复产、脱贫攻坚等工作，努力把疫情造成的损失降到最低限度。在此百年不遇的重大疫情下，我国经济成为全球主要经济体中唯一实现正增长的国家。在疫情防控与经济发展中,党和政府的表现可谓是全球疫情防控的典范。而国有企业作为党和国家最可信赖的力量,正是这典范的有机组成部分,在疫情防控与经济恢复发展上发挥了不可替代的作用。各国有企业在疫情防控方面,认真贯彻落实习近平总书记对新型冠状病毒感染的肺炎疫情的重要指示精神,从思想上提高政治站位,强化风险意识,担当疫情防控责任。将疫情防控与自身优势相结合,运用科技手段,协同作战,对我国疫情防控做出了有效支持。从疫情防控结果来看,正是在全国上下一心的共同努力下,我国才能够取得疫情防控的优异成绩,而国有企业也正是在铸就国家典范的同时,完成了自身典范形象的塑造。

再从国家能源集团的表现来说,除了为防控疫情进行捐赠外,还在复工复产方面做出了典范性工作。首先,我国一直以来十分重视科技在经济发展中的作用,鼓励进行科技创新,建设科技强国。国家能源集团在自身发展中,始终不忘加大科技投入,在自身产业主航道实现了科技进步。通过企业自身的科技赋能,助力中国经济快速恢复,这是国家能源集团领导干部"兴企有为"的一个重大贡献。其次,国家能源集团在疫情防控战下能够在煤炭、火电、水电、运输几个方面都取得良好的成绩,说明其具有较好的组织与管理能力。一方面,只有在有序复工复产的前提下才能保证员工的安全;另一方面,要在几个方面均做到业绩突出,需要强有力的团队合作才能达成。最后,国家能源集团的一系列科技赋能,顺应了能源革命的趋势,在未来的能源市场占据了更为主动的地位，有利于企业的发展壮大。国家能源集团在遭受疫情冲击的不利环境下，利用科技赋能将企业发展铸就为行业楷模与典范。

国家能源集团在全球疫情蔓延，各国经济遭受巨大冲击时，勇于进取，率先垂范地夯实企业的核心竞争力。可以看出，国家能源集团的智慧企业建设遵循国家政策的要求，秉承科技创新的动力，将互联网、大数据、智能化等融入煤炭、火电、水电、运输等产业发展之中，用绿色、创新等发展理念颠覆了人们对传统产业的认知，是"兴企有为"具体实践的典范。

结　语

通过对"兴企有为"的学习，我们从狭义和广义两个方面去认识和理解了"兴企有为"的基本含义。国有企业领导干部应清楚地意识到，"有为"是中华传统文化自古以来的精神内核之一，代表着具有崇高境界的基本道德。

从新时代国有企业领导干部的使命和责任来解读"兴企有为"，其基本特征从体系、价值、使命、运行四个层面予以表现。在国有企业领导干部标准的"二十字"要求中，"兴企有为""对党忠诚""勇于创新""治企有方""清正廉洁"构成了相互依存又相互促进的逻辑关系。"兴企有为"作为既独立又有着承上启下作用的重点内容，不但展示出历史文化精神的传承，也是当今社会和经济发展的时代产物，更是体现新时期我党执政兴国合理性与合法性的必然要求。"兴企有为"的价值特征表现在国有企业发展对党和国家的价值与国有企业领导干部的人生价值两个层面。国有企业"兴企有为"是国家"基本经济制度"的价值体现，是实现国有资产保值增值的前提与保障，是更好履行社会责任的时代要求，是积极应对市场竞争的必然结果，同时也是实现国企领导干部人生目标的价值寄托。国有企业始终带有时代的烙印，其肩负的政治、经济和社会责任是不可推卸的历史使命。国有企业领导干部在带领国有企业履行历史使命的过程中也天然肩负着历史使命。国有企业"兴企有为"的运行特征表现在实践性、主动性、引领性和综合性四个方面。

国有企业领导干部要想"兴企有为"就要有更为广阔的视野，明确在当今的政治经济社会环境下担负着何种"兴企"使命。全球能源禀赋差异和技术的进步，催生着全球能源革命再次兴起。新能源和可再生能源对传统能源的替代将不可避免地发生，所有的能源企业在全球能源革命面前都别无选择，只能在变革中寻找发展之路。党中央适逢其时地提出了"创新、协调、绿色、开放、共享"的发展理念，为我国能源国有企业指出了新的发展思路。当前在全球经济发展扑朔迷离的状态下，以习近平总书记为核心的党中央提出了经济进入新常态的论断，提供了供给侧结构性改革和经济高质量发展的良方，针对全球产业格局变革的趋势，提出了产业基础高级化和产业链现代化的要求，为国有企业进一步发展指明了方向和道路。在百年大变局背景下国有企业应当更为积极主动地聚焦国家战略，参与混合所有制改革。

在清楚国有企业所处环境，明确新时代"兴企"目标之后，各级领导干部就应将目光转到"兴企"的具体要求上来，让自己的"兴企"担当与作为在正确的道路上延续。要做到正确的"兴企有为"，国有企业领导干部就不得不先拥有正确的思想认识，也就是要在党的领导下去完成"兴企"大业。用坚定的信念和可靠的政治立场去指导企业发展,去凝聚企业的人心。各级领导干部要能够以全球的视野和战略的思维去审视企业的发展,去指导具体的领导工作。只有在大局上、战略上具备引导力、影响力才能使企业的人心得到鼓舞,也才能让企业从领导干部到基层员工都能尽职尽责、有所担当。在企业发展的过程中,身先士卒的领导干部更容易获得员工的跟随,善于自我提高的领导干部更容易促使员工进步,不断创新突破的领导干部更容易让员工敬佩。但只有这些还是无法满足"兴企有为"的要求,一个企业永远不可能靠一个领导完成所有的任务,需要每一个班子成员和各级员工共同努力才能达成目标。所以,一个"兴企有为"的领导干部要擅于带队伍,人心思齐才能干大事。最重要的一点是,国有企业领导干部要始终清醒地意识到,手中的权力是党和国家还有人民赋予的,要真正为人民办事、为国家办事、为党办事,只有清正廉洁才能让各级领导和同事信服。

在"兴企有为"的学习中,除了提高思想水平和理论素养,很重要的一点是要理论联系实际,把"兴企有为"的思想和标准放到企业现实面对的市场竞争中去体会、去检验。"兴企有为"的基本特征要在企业经营的具体实践中才能得到体现,"兴企有为"的成效最终要通过经营实绩去检验。各级领导干部要以认知水平和思想高度为基础、以历史使命和时代责任为动力、以完善自我和创造价值为导向,紧密结合自己的领导岗位和工作职责,将"兴企有为"落实到企业实际运营的各个具体实践环节中,以创造性的具体行为和优良的经营实绩去实现真正的自我价值。为此,本教材精选了几个具有代表性的国有企业"兴企有为"的案例,供大家学习和参考。

通过对理论及案例的分析和学习,可以加深国有企业领导干部对"兴企"中何为"有为"、为何"有为"、应有"何为"、如何"有为"的认识和理解。希望本教材能够对企业领导干部有所启发,帮助国有企业领导干部在"兴企有为"的伟大实践中以敢于担当、奋发进取、有所作为的创造精神,在实现公司总体发展战略目标的过程中实现自我的人生价值。

参考文献

[1] 杜君. 我国国有企业领导干部选拔任用机制研究[D]. 福州：福建师范大学, 2015.

[2] 罗彬. 坚持"五个带头"践行"三严三实"——国企干部要不断强化党性意识[J]. 领导科学论坛, 2015(21): 42-43.

[3] 国家能源投资集团有限责任公司课题组. 坚持党管干部原则与发挥市场机制作用有效结合开创新时代干部管理新局面[J]. 现代国企研究, 2018(21): 46-49.

[4] 龚睿. 中国国有企业党的领导制度变迁研究[D]. 北京：中共中央党校, 2018.

[5] 朱珊珊. 新时代国有企业坚持和加强党的领导研究[D]. 北京：中共中央党校, 2018.

[6] 周权雄. 习近平国企改革思想的理论基础与时代价值[J]. 探求, 2017(03): 30-38.

[7] 宋方敏. 习近平国有经济思想研究略论[J]. 政治经济学评论, 2017, 8(01): 3-24.

[8] 陈庆. 新中国国企改革思想的演进[D]. 上海：上海社会科学院, 2015.

[9] 戚聿东,肖旭. 新中国70年国有企业制度建设的历史进程、基本经验与未竟使命[J]. 经济与管理研究, 2019, 40(10): 3-15.

[10] 肖红军. 国有企业社会责任的发展与演进:40年回顾和深度透视[J]. 经济管理, 2018, 40(10):5-26.

[11] 李雯博. 新时代国有企业的战略定位与历史使命——访国务院国资委党委书记郝鹏[J]. 先锋队, 2018(08):12-14.

[12] 陈文军. 国企多元价值目标的冲突、分层与决策选择[J]. 长白学刊, 2015(03):91-98.

[13] 胡钰. 正确认识国企的改革历程与存在价值[J]. 先锋队, 2014(05):24-26.

[14] 陈伟. 企业社会责任对经济、社会和文化权利之保障[J]. 西北大学学报(哲学社会科学版), 2020, 50(04):179-186.

[15] 李文君,王海兵,王冬冬. 企业社会责任风险的控制度模型构建[J]. 财会通讯, 2020(14):127-130.

[16] 徐莉萍,邵宇青,张淑霞. 企业社会责任、社会责任缺失与企业绩效[J]. 财会通讯, 2020(13):83-88.

[17] 董玉龙. 供给侧结构性改革与资源型产业转型发展[J]. 中国市场, 2019(31):50-51.

[18] 韩笑. 供给侧结构性改革背景下企业去产能困境化解博弈分析[J]. 财会月刊, 2019(22):124-128.

[19] 曲凤东. 论新时代推进供给侧结构性改革的现实路径——基

于我国社会主要矛盾转化的视角[J]. 经济研究导刊, 2019 (30):5-6.

[20] 张琦. 改革开放以来中国宏观经济理论与政策的演变[J]. 社会科学文摘, 2019(09):8-10.

[21] 王冰冰. 创新驱动视角下供给侧结构性改革的逻辑与政策选择[J]. 经济纵横, 2019(09):82-87.

[22] 刘江宁. 关于供给侧结构性改革的研究[J]. 经济研究参考, 2019(12):31-40.

[23] 任智颖. 当前中国供给侧结构性改革及其落实路径研究[D]. 漳州:闽南师范大学, 2019.

[24] 李泓欣. 四大举措深化供给侧结构性改革[J]. 中外企业家, 2019(11):13.

[25] 曹伟. 以五大发展理念引领船舶装备制造企业转型发展[J]. 中国远洋海运, 2019(10):74-76.

[26] 吕琪琳, 邓高权. 基于绿色发展理念下的企业战略选择研究[J]. 现代营销(信息版), 2019(10):140-141.

[27] 赵平. 践行新发展理念,促进企业高质量发展[J]. 国资报告, 2019(08):30-33.

[28] 张昊, 向曼. 新发展理念下聚力员工与企业协同发展研究[J]. 现代商业, 2019(19):90-91.

[29] 吴文娟. 习近平绿色发展理念及其时代价值研究[D]. 兰州:兰州理工大学, 2019.

[30] 胡安洪,邵林. 世界经济不确定性情境下中国经济高质量发展策略分析[J]. 理论探讨,2019(06):100-106.

[31] 林昌华. 新时代我国经济高质量发展的内在逻辑探究——基于社会主要矛盾变化的视域[J]. 福建论坛(人文社会科学版),2019(11):64-69.

[32] 许珂. 新中国经济发展70年:由数量增长到高质量发展[J]. 山西师大学报(社会科学版),2019,46(06):7-10.

[33] 赵剑波,史丹,邓洲. 高质量发展的内涵研究[J]. 经济与管理研究,2019,40(11):15-31.

[34] 史丹,赵剑波,邓洲. 推动高质量发展的变革机制与政策措施[J]. 财经问题研究,2018(09):19-27.

[35] 刘志彪. 理解高质量发展:基本特征、支撑要素与当前重点问题[J]. 学术月刊,2018,50(07):39-45+59.

[36] 金碚. 关于"高质量发展"的经济学研究[J]. 中国工业经济,2018(04):5-18.

[37] 任保平,李禹墨. 新时代我国高质量发展评判体系的构建及其转型路径[J]. 陕西师范大学学报(哲学社会科学版),2018,47(03):105-113.

[38] 罗仲伟,孟艳华. "十四五"时期区域产业基础高级化和产业链现代化[J]. 区域经济评论,2020(01):32-38.

[39] 盛朝迅. 推进我国产业链现代化的思路与方略[J]. 改革,2019(10):45-56.

[40] 梅峰. 中央财经委员会第五次会议对行业的启示[J]. 世界制造技术与装备市场, 2019(05):26-27.

[41] 田文昕. 打好浙江产业链现代化攻坚战[J]. 浙江经济, 2019(19):63.

[42] 李燕. 夯实产业基础能力打好产业链现代化攻坚战[N]. 中国工业报, 2019-09-12(2).

[43] 李晓并. 能源革命,全球发展方向和潮流[N]. 太原日报, 2019-10-23(3).

[44] 邹才能,潘松圻,党刘栓. 论能源革命与科技使命[J]. 西南石油大学学报(自然科学版), 2019, 41(03):1-12.

[45] 吕涛,侯潇然. 习近平总书记能源革命重要论述的理论逻辑[J]. 煤炭经济研究, 2019, 39(03):4-8.

[46] 朱彤. 能源转型进程中过渡能源的选择[J]. 能源, 2018(Z1):60-64.

[47] 田慧芳. 新一轮全球能源革命态势与中国应对[J]. 中国发展观察, 2018(Z2):77-79.

[48] 张云飞. 能源革命:生态文明建设的引擎[J]. 国家治理, 2018(33):13-21.

[49] 丁全利. 走向能源变革新时代——专家聚焦能源革命影响及结构调整[J]. 国土资源, 2017(03):31-36.

[50] 马骏. 坚持高质量发展培育世界一流企业[N]. 经济参考报, 2019-11-18(6).

[51] 胡鞍钢,鄢一龙,龙亮军."十四五"时期中国经济社会发展的基本思路[J].求索,2019(06):11-19.

[52] 梁昌新.深化能源体制革命打通能源发展快车道[J].中国经贸导刊,2019(19):47-48.

[53] 王丹.推动混合所有制经济走深走实的思路与建议[J].宏观经济管理,2019(09):45-50+58.

[54] 林昊.我国"十四五"能源规划的六大重点[J].能源研究与利用,2019(04):6-7.

[55] 袁惊柱.国有企业混合所有制改革的现状、问题及对策建议[J].北京行政学院学报,2019(01):71-78.

[56] 林卫斌,方敏.能源体制革命:概念与框架[J].学习与探索,2016(03):71-78.

[57] 赵稔.打造治企有方兴企有为的管理团队[N].中国航空报,2017-04-15(6).

[58] 胡丽虹.企业高层次专业技术人才作用发挥的途径分析[J].现代工业经济和信息化,2015,5(11):97-99.

[59] 吴文清.加强国有企业领导班子建设推进企业科学发展[J].江汉石油职工大学学报,2013,26(05):54-56.

[60] 居来提·色依提.企业核心人才的作用及开发战略途径浅析[J].商场现代化,2007(08):98-99.

[61] 路江涌.共演战略重新定义企业生命周期[J].企业管理,2019(11):6-11.

[62] 许双双,周显信. 高质量发展战略转型中领导干部精准思维的内在要求和实践导向[J]. 领导科学,2019(18):113-115.

[63] 李松涛,李玉敏. 新时代党员干部战略思维运用路径探析[J]. 理论建设,2019(04):81-85.

[64] 陈旭. 培养企业核心竞争力的途径分析[J]. 中外企业家,2019(22):146.

[65] 占金云. 战略思维能力:领导干部必备的素质和能力[J]. 改革与开放,2019(14):62-64.

[66] 王雪梅. 国企领导干部加强廉洁自律之我见[J]. 胜利油田党校学报,2019,32(04):23-24.

[67] 陈春花. 如何理解企业战略[J]. 商业文化,2019(15):67-69.

[68] 徐金华. 新时代国企党建工作的五个立足点[J]. 企业改革与管理,2018(12):169.

[69] 李进,苑会娜. 以企业文化建设带动国企人才培养的路径[J]. 中国国情国力,2018(02):46-48.

[70] 陈建光. 以十九大精神指引"清廉国企"建设[N]. 绍兴日报,2017-11-06(4).

[71] 刘晖. 对于加强国企群众团结工作的思考[J]. 现代国企研究,2016(08):227.

[72] 徐守盛. 以领导干部这个"关键少数"带动"最大多数"[N]. 中国纪检监察报,2015-05-04(4).

[73]郝志强."十四五"时期构建"双循环"新发展格局的实践选择——基于党的十九届五中全会精神的解读[J].社会科学动态,2020(12):51-57.

[74]裴长洪,黄群慧,许宪春,等.学习党的十九届五中全会精神笔谈[J].财贸经济,2020,41(12):5-21.

[75]肖静.企业高质量发展特征研究[J].产业与科技论坛,2020,19(22):82-83.

[76]何维达,刘斌,尚进,等.新冠肺炎疫情对国家能源集团的后续影响及应对措施[J].能源科技,2020,18(10):1-4.

[77]肖红军.面向"十四五"的国有企业高质量发展[J].经济体制改革,2020(05):22-29.

[78]国家能源集团.打好脱贫攻坚"组合拳"[J].旗帜,2020(08):41-42.

[79]孙鹏.以延安精神为指导推动国企践行社会主义核心价值观——以陕煤黄陵矿业集团公司为例[J].现代企业,2020(05):89-90.

[80]杜娟,李春华,王若溪.释放营商活力,进无止境——国网北京电力优化营商环境2.0版[J].可持续发展经济导刊,2019(11):23-27.

[81]岳倩.我国三大石油企业海外并购绩效评价[D].泉州:华侨大学,2019.

[82]朱敏,孙中源.石油石化企业竞争力的国际比较[J].现代国

企研究,2019(09):84-87.

[83] 周金睿. 新常态背景下国有能源企业员工培训研究[D]. 呼和浩特:内蒙古大学,2016.

[84] 胡秋平. 石油集团公司实施五大战略力求五大突破[J]. 勘探家,2000(01):8.

[85] 李永生,邵树峰. 国家能源集团创建世界一流示范企业研究[J]. 中国煤炭,2020,46(01):13-17.